St. Galler Beiträge zum Integrierten Management

Band 1

PD Dr. Thomas Dyllick
(Herausgeber)

Ökologische Lernprozesse in Unternehmungen

Verlag Paul Haupt Bern und Stuttgart

CIP-Titelaufnahme der Deutschen Bibliothek

Ökologische Lernprozesse in Unternehmungen / Thomas Dyllick (Hrsg.). -
Bern ; Stuttgart : Haupt, 1991
 (S[ank]t Galler Beiträge zum Integrierten Management ; Bd. 1)
ISBN 3-258-04343-4
NE: Dyllick, Thomas [Hrsg.]; GT

Alle Rechte vorbehalten
Copyright © 1990 by Paul Haupt Berne
Jede Art der Vervielfältigung ohne Genehmigung des Verlages ist unzulässig
Umschlag: Atelier Design + Druck AG, Bern, Eugen Götz-Gee
Printed in Switzerland

Inhaltsübersicht

Einleitung

Thomas Dyllick
Ökologisch bewusste Unternehmungsführung. Herausforderung eines zukunftsorientierten Managements. 7

Paul J. Greineder
Integration der Ökologie in die Unternehmungsführung. Erfahrungen aus der Praxis einer Brauereigruppe. 51

Wolfgang Brokatzky
Umweltmanagement in der Migros: Von konkreten Vorgaben und Zielen zu Resultaten. 71

Kurt Trottmann
Integration des Umweltschutzes in die Zellstoff-Produktion. Von der Reaktion zur Innovation. 95

Hans Rudolf Bircher
Entwicklung und Vermarktung umweltschonender Waschmittel. Ökologische Herausforderung für den Waschmittel-Hersteller. 123

Klaus von Grebmer
Lernprozesse in der Kommunikation über Umweltfragen. Erfahrungen aus der chemischen Industrie. 151

Stephan Baer
**Motivierung der Mitarbeiter zu einem ökologisch
bewussten Verhalten.** 175

Willy Keller
**Die Sanierung der Glatt als Beispiel erfolgreicher
Kooperation im Umweltschutz.** 185

Autoren 199

Abbildungsverzeichnis 203

Literaturverzeichnis 207

Inhaltsverzeichnis

Einleitung   1

Thomas Dyllick
Ökologisch bewusste Unternehmungsführung. Herausforderung eines zukunftsorientierten Managements.   7

       I. Der gesellschaftliche Hintergrund der
          ökologischen Herausforderung   7

1. Umweltschutz ist - nach wie vor - d a s aktuelle
   Anliegen der Schweizer Bevölkerung   7

2. Für die Lösung der Umweltprobleme werden weitere
   gesetzliche Regelungen als unumgänglich angesehen   9

3. Die Diskrepanzen zwischen Umweltbewusstsein und
   tatsächlichem Verhalten sind vor allem das
   Resultat von Bequemlichkeit   11

4. Späte, aber umfassende rechtliche Regelung des
   Umweltschutzes in der Schweiz   14

5. Trotz einzelner Lichtblicke sind wir noch
   keineswegs auf dem Weg der Besserung   17

       II. Grundlagen der ökologischen Heraus-
          forderung der Unternehmung   19

6. Die ökologische Betroffenheit erreicht die Führungskräfte   19

7. Umweltschutz wird in rasch zunehmendem Masse
   zu einem wirtschaftlich relevanten Faktor   24

8.	Umweltschutz: Die Elemente eines neuen, zusätzlichen Unternehmungsziels	33
9.	Der ökologische Produktlebenszyklus als Basis einer erweiterten Betrachtung der rein betrieblichen Wertschöpfungskette	34
	III. Konsequenzen für die Unternehmungsführung	38
10.	Ein ökologisches Unternehmungskonzept zur Ermittlung von Ansatzpunkten für ökologische Massnahmen	38
11.	Ökologische Innovationen als Strategien eines qualitativen Unternehmungswachstums	41
12.	Kommunikation wird zur unternehmerischen Pflicht	44
13.	Gefordert: Unternehmertum für die Umwelt	48

Paul J. Greineder
Integration der Ökologie in die Unternehmungsführung. Erfahrungen aus der Praxis einer Brauereigruppe. 51

1.	Die Firma Löwenbräu im Bier- und Getränkemarkt	51
2.	Gründe für das ökologische Engagement	52
3.	Integration der Ökologie auf der Ebene der Unternehmungspolitik	54
3.1	Ökologiebezogene Bestandsaufnahme	56
3.2	Unternehmungsgrundsätze	56
3.3	Unternehmungsziele	57
4.	Ökologische Massnahmen auf operativer Ebene	58

4.1	Materialeinkauf	58
4.2	Produktion	59
4.3	Verpackung	61
4.4	Vertrieb und Logistik	62
4.5	Öffentlichkeitsarbeit	63
5.	Ökologische Massnahmen im Bereich Führung und Organisation	63
6.	Die Verwirklichung ökologischer Gesamtkonzepte am Beispiel der Löwenbräu-eigenen Mineralbrunnen und der Würzburger Hofbräu	65
6.1	Ökologische Gesamtkonzepte bei den Mineralbrunnen	65
6.2	Integration der Ökologie bei der Würzburger Hofbräu	67
7.	Lehren für die Zukunft von Löwenbräu	68

Wolfgang Brokatzky
Umweltmanagement in der Migros: Von konkreten Vorgaben und Zielen zu Resultaten. 71

1.	Die Migros und ihre ökologische Grundhaltung	71
2.	Ökologische Ziele und ihre Umsetzung	74
3.	Konkrete Massnahmen und Ergebnisse	78
3.1	Sortimentsgestaltung	79
3.2	Verpackungsgestaltung	80
3.3	Energieverbrauch	82
3.4	Entsorgung von Abfällen	86
4.	Die finanzielle Seite des Umweltschutzes	87
5.	Die Umsetzung des Leitbilds in Verhalten	88

6.	Aufklärung und PR	91
7.	Zusammenfassung und Lehren	92

Kurt Trottmann
Integration des Umweltschutzes in die Zellstoff-Produktion. Von der Reaktion zur Innovation. 95

1.	Cellulose Attisholz und die Zellstoffproduktion	95
2.	Die sich ändernden ökologischen Herausforderungen im Verlauf der Entwicklung der Zellstoffproduktion	98
2.1	Phase 1: Die ökologische "Steinzeit" bis 1914	99
2.2	Phase 2: Erste Umweltschutzmassnahmen zwischen 1914-1963	99
2.3	Phase 3: Die Abwasser-Sanierung rückt zwischen 1963 und 1976 in den Vordergrund der Bemühungen	101
2.4	Phase 4: Energiesparmassnahmen und die Abluft-Sanierung stehen zwischen 1977 und 1987 im Vordergrund	106
2.5	Phase 5: Der Weg zur Ursachenbehebung nach 1987	117

Hans Rudolf Bircher
Entwicklung und Vermarktung umweltschonender Waschmittel. Ökologische Herausforderung für den Waschmittel-Hersteller. 123

1.	Die Unternehmung Lever im Schweizer Waschmittelmarkt	123
2.	Die ökologischen Zusammenhänge werden bewusst	124
3.	Das Vorgehen von Lever	126
3.1	Die erste Entwicklungsphase	127

3.2	Die zweite Entwicklungsphase	128
4.	Entwicklung und Einführung eines umweltschonenden Waschmittels neuen Typs	130
4.1	Eine veränderte Bewusstseinshaltung verlangt nach einem Waschmittel mit guter Wirksamkeit und optimaler Umweltverträglichkeit	130
4.2	Das Sunlight-Waschsystem	134
4.3	Die Markt-Einführung von Sunlight	138
5.	Ökologisch orientierte Weiterentwicklung bestehender Produkte	142
5.1	Ökologische Vorteile durch Halbierung des Pulvervolumens	142
5.2	Weniger Materialaufwand und Abfall durch neue Nachfüllpackungen	143
6.	Folgerungen für ein ökologisch bewusstes Marketing	147

Klaus von Grebmer
Lernprozesse in der Kommunikation über Umweltfragen. Erfahrungen aus der chemischen Industrie. 151

1.	Grundlegende Fragen an die Adresse der Unternehmungen	151
2.	Tiefgreifende Wandlungen in der Gesellschaft	157
3.	Unternehmerische Zukunftssicherung durch Kommunikation	160
3.1	Eine unternehmerische Verantwortungskonzeption	160
3.2	Identität als Voraussetzung für Kommunikation	162
3.3	Grundsätze der Kommunikationspolitik bei Ciba-Geigy	164
4.	Erfahrungen aus der Praxis	166
5.	Prinzipien eines zeitgemässen Kommunikationskonzepts	170

Stephan Baer
Motivierung der Mitarbeiter zu einem ökologisch bewussten Verhalten. 175

1. Die Aufgabe: Konkretisierung und Realisierung eines ökologischen Leitbilds bei der Baer Weichkäserei 175
2. Konzeption und Einleitung eines ökologischen Lernprozesses 176
3. Was bisher in die Tat umgesetzt wurde 179
4. Lehren 181

Willy Keller
Die Sanierung der Glatt als Beispiel erfolgreicher Kooperation im Umweltschutz. 185

1. Die Belastungssituation der Glatt im Ausgangsjahr 1984 185
2. Die Suche nach den Ursachen der Gewässerbelastung 188
2.1 Die Grenzen der herkömmlichen Abwasserreinigung 189
2.2 Die Gewässerbelastung durch die Textilindustrie 190
3. Das Vorgehen zur Sanierung 195

Autoren 199

Abbildungsverzeichnis 203

Literaturverzeichnis 207

Einleitung

Eine über die Massen erfolgreiche Wirtschaftsentwicklung hat massgeblichen Anteil am heutigen Zustand der natürlichen Umwelt. Dies hängt mit konstitutiven Bedingungen der heutigen Form des Zusammenwirkens von Wirtschaft und Natur zusammen, somit mit der gültigen Regelung der Wirtschaft. Beide sind auf die Weise unmittelbar miteinander verknüpft, dass jedem Zufluss im Bereich der Wirtschaft ein Abfluss in der Natur entspricht, während umgekehrt die Abflüsse aus dem Bereich der Wirtschaft als belastende Schadstoffe wieder in der Natur landen. Die Natur tauscht, mit anderen Worten, in dieser ungleichen Beziehung ihre Rohstoffe gegen Schadstoffe. Oder: Je besser es der Wirtschaft geht, desto schlechter geht es der Natur.

Diese Entwicklung hat einen kritischen Punkt überschritten. Nicht nur im Hinblick auf den Zustand der Natur, sondern auch im Hinblick auf die Entwicklung der Wirtschaft selber. Es wird deutlich, dass die Umweltbelastungen und -zerstörungen nicht nur gravierende ökologische Probleme darstellen, sondern zunehmend auch bezifferbare *wirtschaftliche Kosten*, auch wenn diese bisher nur zu einem geringen Teil durch die üblichen wirtschaftlichen Rechenwerke erfasst und wiedergegeben werden. Für die Bundesrepublik Deutschland sind hierzu konkrete Zahlen vorgelegt worden: So sind die tatsächlichen jährlichen Aufwendungen für Umweltschutz mit knapp 1,5% des BSP berechnet worden. (Weizsäcker 1989, S. 146) Unter Einbezug der geldmässig bezifferbaren externen Kosten kommt der wissenschaftliche Direktor des Umweltbundesamtes, Lutz Wicke, auf weitergehende Schätzungen, die sich auf 5% des deutschen BSP belaufen. (Wicke 1986) Mit einem anderen methodischen Ansatz gelangt Leipert zu einer Schätzung von 10% des deutschen BSP. (Leipert 1989)

Es ist zunehmend anerkannt, dass ohne enstprechende Veränderungen der politischen Rahmenbedingungen und der eingesetzten Technologien Wirtschaftswachstum auch weiterhin mit zunehmender Umweltzerstörung verbunden ist. Der Schweizer Bundesrat hat deshalb der gegenwärtig laufenden Legislaturplanungsperiode feierlich die Leitidee des *qualitativen Wachstums* vorangestellt, gemäss der Fortschritt und Ressourcenverzehr, aber auch Fortschritt und Umweltbelastungen zu entkoppeln sind, um ein dauerhaftes Wachstum zu erreichen und auch unseren Nachkommen eine sichere Existenz bei angemessenem Lebensstandard zu erlauben.

Es muss davon ausgegangen werden, dass angesichts der mittlerweile eingetretenen tiefgreifenden politischen und gesellschaftlichen Veränderungen, weiter zunehmende Umweltzerstörungen unweigerlich zu einer *Infragestellung des Wirtschaftswachstums in seiner heutigen Form* führen. Nur so ist zu erklären, dass Umweltprobleme zu den neuen Dauer-Anliegen der nationalen, aber auch der internationalen Politik geworden sind. Auch die Tatsache, dass die Ökologie nun auch an prominenter Stelle auf der Tagesordnung von Welt*wirtschafts*gipfeln figuriert, bringt dies unübersehbar zum Ausdruck.

Eine Entwicklung ist dadurch eingeleitet worden, die die historische Ordnung der "sozialen Marktwirtschaft" in Richtung einer *"ökologischen Marktwirtschaft"* oder - richtigerweise - einer *"ökologisch-sozialen Marktwirtschaft"* vorantreibt. Wurde das soziale Element der Marktwirtschaft nötig, um den Schutz von Mitarbeitern und schwachen Teilen der Gesellschaft vor den Schattenseiten des Industrialisierungsprozesses zu gewährleisten, so bedarf es heute eines Schutzes des Menschen und seiner natürlichen Umwelt, also der Mitwelt, aber auch der Nachwelt. Dauerte die Transformation der einstmals "freien Marktwirtschaft" in eine soziale Marktwirtschaft noch ca. hundert Jahre, so ist davon auszugehen - und auch zu hoffen - dass die heute anstehende Transformation rascher vollzogen werden kann.

Die Transformation auf der Makro-Ebene der Wirtschaftsordnung und ihrer gesamtwirtschaftlichen Lenkungsmechanismen bedarf auf der Mikro-Ebene der einzelnen Unternehmung einer entsprechenden Konzeption einer *"ökologisch bewussten Unternehmungsführung",* da in der Realität kaum davon ausgegangen werden kann, dass alleine aufgrund einer Veränderung der politischen Rahmenbedingungen - quasi automatisch - auch bereits die korrespondierenden Führungsstrukturen, Managementsysteme samt der entsprechenden Überzeugungen entstehen. Realistischerweise kann hier nur eine einigermassen im Gleichschritt erfolgende parallele Entwicklung auf *beiden Ebenen* zum Ziel führen, sollen politische Bremsmanöver im vorhinein und Vollzugsdefizite im nachhinein vermieden werden.

Für die konzeptionelle Entwicklung und die praktische Realisierung einer solchen ökologisch bewussten Unternehmungsführung bedarf es einer intensiven Zusammenarbeit von Theorie und Praxis, wie sie im Rahmen der im März 1989 gegründeten *"Schweizerischen Vereinigung für ökologisch bewusste Unternehmungsführung (ÖBU)"* praktiziert wird. In ihr haben sich eine grosse Anzahl von ökologisch aufgeschlossenen Unternehmungen und Persönlichkeiten zusammengefunden und ein Klima geprägt, in dem sich sowohl das ökologische Bewusstsein entfaltet als auch konkrete Aktionen entstehen. Es ist kein Zufall, dass viele Einsichten und Erfahrungen, über die in dem vorliegenden Buch berichtet werden, diesem aufgeschlossenen Klima entstammen.

Konkreter Anlass für die in dem vorliegenden Buch zusammengestellten Beiträge und Berichte zu konkreten *ökologischen Lernprozessen in Unternehmungen* war eine öffentliche Vorlesungsreihe gleichen Titels, die vom Autor, zusammen mit dem Handels- und Industrieverein St. Gallen und der umweltökonomischen Studenteninitiative "Oikos", anfangs 1990 an der Hochschule St. Gallen durchgeführt wurde. Die dort präsentierten Erfahrungen erwiesen sich als so lehrreich auch für andere Unternehmungen, dass sie für die vorliegende Publikation überarbeitet und zusammengestellt wurden. In jedem der verschiedenen Beiträge sind andere der vielfältigen Aspekte und Aufgaben anhand von konkreten praktischen Lern-Erfahrungen beleuchtet, die sich bei einer Integration der Ökologie in die Prozesse der Unternehmungsführung stellen:

Thomas Dyllick von der Hochschule St. Gallen entwickelt einleitend einen umfassenden konzeptionellen Rahmen für eine ökologisch bewusste Unternehmungsführung.

Paul J. Greineder von der Löwenbräu AG, München, schildert seine Erfahrungen bei der Entwicklung und Verwirklichung ökologischer Konzepte, sowohl auf unternehmungspolitischer als auch auf operativer Ebene der Führung einer Brauereigruppe.

Wolfgang Brokatzky vom Migros-Genossenschaftsbund, Zürich, berichtet über die bereits mehrere Jahre dauernden Erfahrungen und Ergebnisse bei der Umsetzung ökologischer Ziele in operationale, mess- und überprüfbare Vorgaben im Bereich des Einzelhandels und der migroseigenen Produktionsbetriebe.

Kurt Trottmann von der Cellulose Attisholz AG, Luterbach, Kanton Solothurn, verfolgt die einzelnen Phasen ökologischer Herausforderungen im Bereich der Produktion von Zellstoff über den Verlauf der gesamten Entwicklungsgeschichte seiner Firma.

Hans Rudolf Bircher von der Lever AG, Zürich, schildert die Erfahrungen negativer wie positiver Art bei der Entwicklung und Vermarktung eines neuartigen ökologischen Waschmittels.

Klaus von Grebmer von der Ciba-Geigy AG, Basel, entwickelt und begründet ein angemessenes Kommunikationskonzept für

Umweltfragen, vor dem Hintergrund seiner Erfahrungen in der chemischen Industrie.

Stephan Baer von der gleichnamigen Weichkäserei in Küssnacht am Rigi berichtet von dem konkreten Vorgehen in seiner Firma bei der Motivierung der Mitarbeiter zu einem ökologisch bewussten Denken und Verhalten.

Willy Keller, ehemaliger Betriebsleiter der Habis Textil AG in Flawil, Kanton St. Gallen, schildert das Vorgehen und die Ergebnisse einer kooperativen Sanierung der Glatt sowie der hierzu notwendigen tiefgreifenden Umstellungen in den ansässigen Textilveredlungsbetrieben.

Mein *Dank* gilt den Autoren für die wertvollen Beiträge und die ohne Murren ausgeführten Überarbeitungen; meinem Assistenten Thomas Mächtel für die redaktionelle Unterstützung; dem Verleger Men Haupt für das grosse Interesse und die kompetente Hilfe; er gilt dem Handels- und Industrieverein St. Gallen, unter seinem Präsidenten Dr. Hubertus Schmid, für materiellen und ideellen Beistand; den Mitgliedern von Oikos, für den Anstoss und das Mittragen; dem Institut für Betriebswirtschaft für den Freiraum und die Unterstützung. Mein Dank gilt aber auch der Hochschule St. Gallen, unter den Rektoren Profs. Anderegg und Dubs, für die aktive Förderung der Ökologie an der HSG. Ein besonderer Dank auch - stellvertretend für die vielen anderen Wegbereiter - an Paschen von Flotow und Arthur Braunschweig, zwei verdiente Mitstreiter. Drei Frauen sind bei alledem etwas kurz gekommen, ohne deren Mittragen dieses Buch auch nicht fertig geworden wäre: Karin, Jessica und Valérie. An sie geht mein herzlicher Dank für das grosse Verständnis.

St. Gallen, 20. August 1990   Thomas Dyllick

Ökologisch bewusste Unternehmungsführung
Herausforderung eines zukunftsorientierten Managements

Thomas Dyllick

Das vorliegende Thema soll anhand von 13 thesenartig formulierten Abschnitten dargelegt werden. Dabei wird in den Abschnitten 1-5 der gesellschaftliche Hintergrund der ökologischen Herausforderung verdeutlicht (Teil I), in den Abschnitten 6-9 werden die Grundlagen der ökologischen Herausforderung für die Unternehmung herausgearbeitet (Teil II), und in den Abschnitten 10-13 die Konsequenzen für die Unternehmungsführung (Teil III).

I. Der gesellschaftliche Hintergrund der ökologischen Herausforderung

1. Umweltschutz ist - nach wie vor - das aktuelle Anliegen der Schweizer Bevölkerung

Eigentlich hätte man es schon lange wissen können, wenn man den Meinungsumfragen Glauben geschenkt hätte. Umweltschutz steht seit den frühen siebziger Jahren immer wieder ganz oben in der Liste der brennendsten gesellschaftlichen Anliegen der schweizerischen Bevölkerung. (Index 1989, S.8; Infosuisse 1989) Auch die regelmässigen Erhebungen im Rahmen der IHA-Umweltstudien belegen, dass der Anteil der umweltbewussten Haushalte laufend zunimmt und 1989 mit 55% umweltbewusste Haushalten in der ganzen Schweiz einen Höchstwert erreicht hat. (IHA-Umweltstudie 1990)

Ein stärker differenziertes Bild ergibt ein Blick auf solche Bevölkerungssegmente, bei denen deutliche Abweichungen von den allgemeinen Durchschnittswerten auftreten:

a) So ist das Umweltbewusstsein in der *deutschen Schweiz* deutlich stärker ausgeprägt als in der *französischen Schweiz*, aber nur leicht stärker ausgeprägt als in der *italienischen Schweiz*. Im Rahmen der regelmässigen Befragungen, die die Schweizerische Kreditanstalt hierzu publiziert, wurde die Umwelt in der deutschen Schweiz von 78% der Befragten (Platz 1) als Anliegen genannt, in der italienischen Schweiz von 71% (Platz 2), während sie in der französischen Schweiz lediglich von 46% (Platz 4) genannt wurde. (Hauser 1989, S. 6) Es ist unverkennbar, dass bezüglich der Umweltproblematik - wie übrigens auch bezüglich vieler anderer Themen - grosse Unterschiede zwischen den zwei grössten Sprachregionen der Schweiz bestehen.

b) Ein enger Zusammenhang besteht zwischen dem Umweltbewusstsein auf der einen Seite und dem *Ausbildungsgrad*, dem *Wahlverhalten* und der *Altersklasse* auf der anderen Seite. Unter den höher ausgebildeten Bürgern, den aktiven Wählern und den Jüngeren finden sich deutlich mehr Umweltbewusste.

c) Kein Zusammenhang besteht hingegen mit dem *Geschlecht*, dem *Wohnort* (Stadt oder Land) oder der *Kaufkraftklasse*.

2. Für die Lösung der Umweltprobleme werden weitere gesetzliche Regelungen als unumgänglich angesehen

Die detaillierte Infosuisse-Studie vermittelt ein deutliches Bild von den *Grundhaltungen* und den *Erwartungen der Bevölkerung* im Hinblick auf den Umweltschutz. Es sollen hieraus noch einige weitere interessante Ergebnisse vermittelt werden.

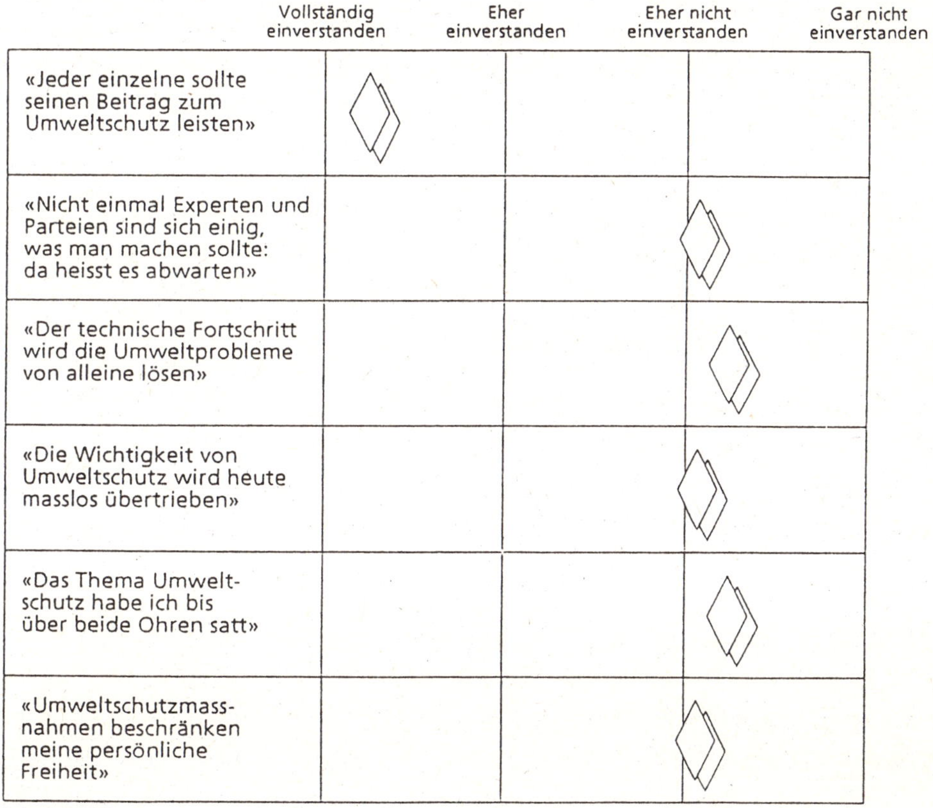

	Vollständig einverstanden	Eher einverstanden	Eher nicht einverstanden	Gar nicht einverstanden
«Jeder einzelne sollte seinen Beitrag zum Umweltschutz leisten»	◇			
«Nicht einmal Experten und Parteien sind sich einig, was man machen sollte: da heisst es abwarten»			◇	
«Der technische Fortschritt wird die Umweltprobleme von alleine lösen»			◇	
«Die Wichtigkeit von Umweltschutz wird heute masslos übertrieben»			◇	
«Das Thema Umweltschutz habe ich bis über beide Ohren satt»			◇	
«Umweltschutzmassnahmen beschränken meine persönliche Freiheit»			◇	

(Infosuisse 1989)

Abbildung 1: Die Lösung der Umweltprobleme bedarf weiterhin grosser Anstrengungen von jedem einzelnen

a) Umweltschutz wird als ein durchaus persönliches Problem gesehen, bei dem die Initiative und der *Einsatz jedes einzelnen* als unerlässlich gesehen werden, bei dem man weder abwarten sollte, bis sich Experten und Parteien einig sind, was man machen sollte, noch darauf hoffen kann, dass es durch technischen Fortschritt "von alleine" gelöst wird.

b) Trotz der Intensität der Diskussionen und Kontroversen ist man weder der Meinung, dass die Wichtigkeit von Umweltschutz heute *masslos übertrieben* wird, noch hat man hat das Thema "bis über beide Ohren satt". Auch hat man nicht das Gefühl, dass durch Umweltschutzmassnahmen die persönliche Freiheit beschränkt wird.

c) Dass die *Wirtschaft* der eigentliche Grund der Umweltbelastung sei, erfährt in der Infosuisse-Studie nur eine schwach positive Zustimmung, währenddem sehr deutlich gefordert wird, dass sie freiwillig auf die Herstellung nicht umweltgerechter Produkte verzichten sollte.

d) Um die Umweltprobleme effektiv lösen zu können, aber auch um eine genügende Effizienz bei der Bewältigung der Umweltprobleme zu erreichen, wird es nach Ansicht der Bevölkerung noch weiterer *gesetzlicher Regelungen* und Auflagen bedürfen (Abbildung 2).

So sind lediglich 10% der Bevölkerung der Meinung, dass die heutigen Umweltgesetze völlig ausreichend seien, während dies von 62% eindeutig verneint wird. Im Hinblick auf die Luftverschmutzung verneinen nur 14% die Aussage, dass die Luft nur noch durch rigorose Gesetze wieder sauberer wird. 43% der Bevölkerung finden dies "voll zutreffend", noch einmal 43% immer noch "teilweise zutreffend".

	Voll zutreffend	Teilweise zutreffend	Nicht zutreffend
«Schweizer Atomkraftwerke sind so sicher, dass Katastrophen wie Tschernobyl gar nie passieren können»	12%	29%	59%
«In gewissen Städten wird die Luft gar nicht schmutziger, sondern im Gegenteil immer sauberer»	6%	24%	70%
«Nur durch rigorose Gesetze kann man noch bewirken, dass die Luft wieder sauberer wird»	43%	43%	14%
«Die Umweltgesetze, die wir heute haben, reichen völlig aus»	10%	28%	62%
«Autofahrverbote, Benzinrationierungen u.ä. werden bei uns nie nötig sein»	16%	45%	39%

(Infosuisse 1989)

Abbildung 2: Zur effektiven Lösung der Umweltprobleme werden weitere gesetzliche Regelungen als unumgänglich angesehen

3. Die Diskrepanzen zwischen Umweltbewusstsein und tatsächlichem Verhalten sind vor allem das Resultat von Bequemlichkeit

Zwischen Umweltbewusstsein und tatsächlichem Verhalten klafft oft eine Lücke. Es ist schon immer viel leichter gewesen zu Protokoll zu geben, was "man" oder "andere" machen sollten, als es selber zu tun. Dennoch gilt dies nicht immer und nicht unter allen Umständen.

a) Es gibt umweltbewusste Tätigkeiten, die von der Bevölkerung *regelmässig und in grosser Zahl* befolgt werden.

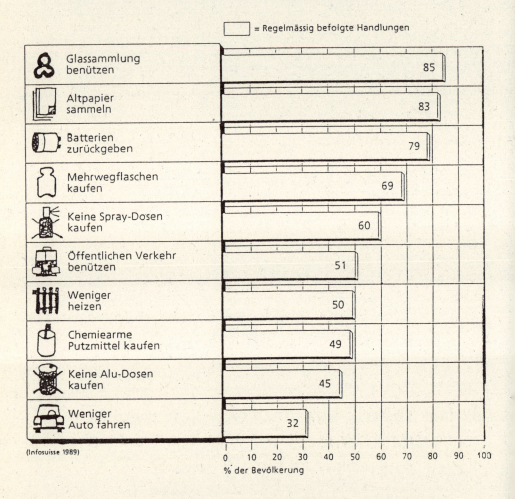

Abbildung 3: Umweltbewusstes Verhalten der Bevölkerung

An der Spitze stehen hier Glas sammeln (85%), Altpapier sammeln (83%), Batterien zurückbringen (79%) und Mehrwegflaschen kaufen (69%). In diesen Bereichen sind auch die Diskrepanzen zwischen Wissen um die Umweltrelevanz dieser Tätigkeiten und dem aktuellen Verhalten klein.

b) Es gibt aber auch Bereiche, in denen die *Diskrepanz zwischen Wissen und Handeln*, zwischen dem eigenen Informationsstand und dem tatsächlichen Verhalten, recht gross ist.

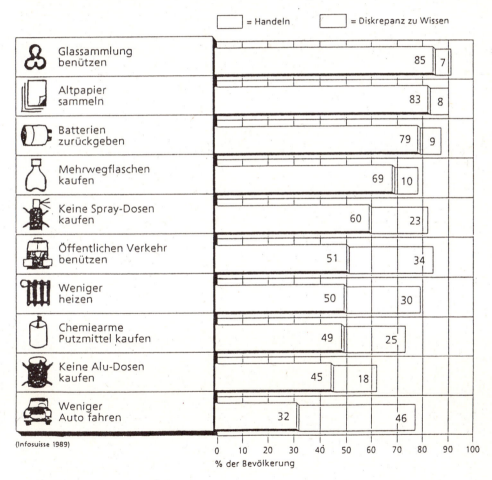

Abbildung 4: Diskrepanz zwischen Wissen und Handeln

Hier sind vor allem zu nennen: Weniger Auto fahren (46%), öffentliche Verkehrsmittel benützen (34%), weniger heizen (30%) und chemiearme Putzmittel benützen (25%). Solche Diskrepanzen entstehen offenbar vor allem dort, wo man den eigenen individuellen Beitrag nicht messen kann und wo man nicht sieht, dass "alle mitmachen". Dort hingegen, wo entweder die Möglichkeiten etabliert sind oder wo man sieht, dass viele mitmachen und dass es "etwas bringt", sind die Diskrepanzen im allgemeinen kleiner.

c) Vermehrtem aktivem Umweltverhalten des einzelnen stehen in erster Linie sehr menschliche Eigenschaften wie Bequemlichkeit (49% Nennungen) und Zeitaufwand (27%) entgegen. Erst mit grossem Abstand folgen *Barrieren* wie Gedankenlosgikeit (12%), höhere Kosten (12%), mangelnde Information (11%) oder Bevorzugung von Komfort (10%). Die Einsicht in die eigene Unzulänglichkeit ist jedoch vorhanden: Nur 28% der Bevölkerung behauptet von sich selbst, sie täten alles in ihren Kräften stehende für den Umweltschutz, während 72% zugeben, dass sie noch mehr tun könnten.

Es lässt sich hieraus folgern, dass diese latente Handlungsbereitschaft vor allem dann erfolgreich aktiviert werden kann, wenn es gelingt, die Barrieren "Bequemlichkeit" und "Zeitmangel" durch geschickte Handlungsangebote zu überwinden.

4. Späte, aber umfassende rechtliche Regelung des Umweltschutzes in der Schweiz

Anfang 1985 ist das Bundesgesetz über den Umweltschutz (USG) nach vierzehnjähriger Beratungszeit in Kraft getreten. Sein Zweck ist der Schutz der gesamten Umwelt, bestehend aus Menschen, Tieren und Pflanzen, vor "schädlichen oder lästigen

Einwirkungen" aller Art. Hierbei stehen die Bereiche Luft, Lärm, umweltgefährdende Stoffe, Abfälle, Belastungen des Bodens und Katastrophen im Vordergrund. Damit hat die Schweiz ein Umweltschutzrecht erhalten, das auch im Vergleich zum entsprechenden EG-Recht als weitgehend angesehen wird. (Schwager/Knöpfel/Weidner 1988) Vier Grundprinzipien des Umweltschutzes werden gesetzlich verankert:

a) *Vorsorgeprinzip:* Unerwünschte Einwirkungen, die schädlich oder lästig werden könnten, sind zu bekämpfen bevor Schäden eingetreten sind. Mit anderen Worten: Vorbeugen, statt reparieren.

b) *Prinzip der Bekämpfung an der Quelle:* Unerwünschte Einwirkungen sind durch Massnahmen "an der Quelle", d.h. so früh wie möglich zu bekämpfen. Dass die Herstellung von Produkten, die ökologisch bedenkliche Auswirkungen haben, in der Regel näher an der Quelle ist, als ihr Konsum, das dürfte einleuchten.

c) *Verursacherprinzip:* Wer Massnahmen gemäss dem USG verursacht, trägt die Kosten dafür.

d) *Kooperationsprinzip:* sind in Zusammenarbeit zwischen Behörden, Wirtschaft und Bevölkerung zu suchen und zu realisieren. Dies gilt vor allem auch für den Vollzug.

In rascher Abfolge hat der Bundesrat *Ausführungsverordnungen* erlassen, die erst das USG als typisches "Rahmengesetz" praktisch anwendbar machen. Innerhalb von nur 4 Jahren sind bereits 6 Verordnungen in Kraft getreten, die die Luftverschmutzung, umweltgefährdende Stoffe, Bodenverschmutzung, Verkehr mit Sonderabfällen, Lärm sowie die Notwendigkeit von Umweltveträglichkeitsprüfungen regeln. Alle diese Verordnungen enthalten Vorschriften, die Massnahmen oder Unterlassungen von allen Seiten - vor allem auch den Unternehmungen - verlangen, und die zudem dem jeweils aktuellen Stand des Wissens laufend angepasst werden. Sie legen Grenzwerte für Emissionen und Belastungen der natürlichen Aufnahmemedien fest, sie reglementieren Einsatz und Verwendung problematischer Stoffe und Materialien und sie verlangen vor der Errichtung grösserer Anlagen und Bauten eine umfassende Umweltverträglichkeitsprüfung. Von den Unternehmungen werden deshalb z.T. weitgehende, bisher nicht erfasste Informationen über die ökologischen Konsequenzen der eigenen Vorhaben verlangt, damit zu der primär verlangten Selbstkontrolle eine Kontrolle durch die Aufsichtsbehörden hinzukommen kann. Das USG sieht neben den traditionellen polizeirechtlichen Instrumenten (Auflagen, Verboten) auch Strafbestimmungen für Übertretungen und Vergehen in Form von Bussen oder Haft vor.

Darüber hinaus liegen die Verordnung über den Schutz vor Störfällen, die Technische Abfallverordnung und die Verordnung über Getränkeverpackungen im Entwurf vor und befinden sich zur Zeit im Vernehmlassungsverfahren. Mitte 1990 ist auch bereits der Vernehmlassungsentwurf zu einer 1. Revision des USG vorgelegt worden. Darin werden erstmals auch *Lenkungsabgaben* als ökonomische Instrumente vorgeschlagen (für Lösungsmittel, Heizöl und Dieselöl, Dünger und Pflanzenbehandlungsmittel) sowie vorgezogene Entsorgungsgebühren auf bestimmten Stoffen und Produkten, die nach dem Gebrauch besonders behandelt werden müssen. (Kühlschränke, Autoabfälle und -reifen, elektronische Geräte, Batterien, Leuchtstoffröhren) Eine eigentliche Energieabgabe fehlt jedoch nach wie vor.

5. Trotz einzelner Lichtblicke sind wir noch keineswegs auf dem Weg der Besserung

Erfreuliche Ergebnisse wie die, dass mittlerweile 50% des Glases recycliert werden und 45% des Papiers dürfen nicht darüber hinweg täuschen, dass es in vielen anderen Bereichen noch gar nicht gut aussieht: Beim Aluminium sind es heute 20%, bei den Kunststoffen nur 5%. Im Vergleich zu den technisch als möglich angesehenen Recyclingraten macht das Steigerungspotential beim Glas noch 60%, beim Papier noch knapp 80%, beim Aluminium hingegen 300% und bei den Kunststoffen 500% aus. (Brunner/ Bacchini 1989) Trotz unverkennbaren Fortschritten beim Grad der Gewässerverschmutzung und bei gewissen Schadstoffen in der Luft, ist eine Wende zum Besseren oder ein signifikanter Fortschritt in Richtung des vom Bundesrat feierlich der gegenwärtigen Legislaturplanungsperiode vorangestellten Leitidee des *qualitativen Wachstums* nicht festzustellen. Blickt man auf eine ganze Anzahl ökologisch sehr bedeutsamer gesamtwirtschaftlicher Indikatoren, so ist nämlich festzustellen, dass wir uns insgesamt keineswegs auf einem Pfad qualitativen Wachstums befinden, sondern ganz im Gegenteil auf einem Pfad beschleunigten *quantitativen Wachstums*: (Schiesser 1989)

a) Ein Indikator ist hier der *Benzinverbrauch*, der seit 1980 zugenommen hat, zwischen 1980 und 1988 um durchschnittlich 2%, von 1987 auf 1988 um 4% und im 1. Halbjahr 1989 alleine um 4,9%.

b) In der Schweiz wohnhafte Personen haben 1988 7,5% mehr *Auslandsreisen* unternommen. Im *Linienverkehr* von und nach der Schweiz hat von 1987 auf 1988 die Zahl der Passagiere um 5,1% zugenommen. Im 1. Halbjahr 1989 waren es 9% mehr Passagiere. Diese Wachstumsraten sind auch weltweit festzustellen. Und wenn man den Europaproprognosen Glauben schenkt, dann steht uns verkehrsmässig das Grösste und wohl auch Ärgste erst noch bevor. Es sei hier nur am Rande vermerkt, dass diese Prophezeiungen durch die *heute* gefällten Standortentscheide vieler Unternehmungen sich selber zu erfüllen anschicken.

c) Ein weiterer Bereich starken quantitativen Wachstums ist derzeit auch der *Baumarkt*. Schweizer beanspruchen heute 60-65% mehr Wohnfläche als 1969, ohne dass ein Ende dieses Wachstums absehbar wäre. Der Baumarkt wächst zur Zeit mit 5%.

d) Und im Hinblick auf den *Energieverbrauch*, ein sicherlich auch für ökologische Bedenken zentraler Indikator, ist seit 1982 insgesamt eine Zunahme des gesamten Endverbrauchs an Energieträgern um 15% festzustellen. Was die Stromversorgung im besonderen betrifft, so wäre im Versorgungsgebiet der Nordostschweizerischen Kraftwerke, falls weiterhin wie seit 1970 mit einer Wachstumsrate von 3,7% gerechnet werden muss, die Produktion innerhalb der nächsten 20 Jahre zu verdoppeln.

Durch diese ernüchternden Zahlen wird die Tatsache belegt, dass wir uns angesichts eines erneuten quantitativen Wachstumsschubs dieses Ausmasses der teilweise beträchtlichen Fortschritte im technischen Umweltschutz wohl kaum lange erfreuen werden können. Der letztlich vordergründige Blick auf die wirtschaftliche Vertretbarkeit - oder auch die politische Durchsetzbarkeit - von Massnahmen darf, mit anderen Worten, nicht den Blick auf die harten Fakten der ökologischen Herausforderung verstellen.

II. Grundlagen der ökologischen Herausforderung der Unternehmung

6. Die ökologische Betroffenheit erreicht die Führungskräfte

Wenn man Verlautbarungen von Unternehmern oder Vertretern ihrer Verbände verfolgt hat, so hatte für sie noch bis vor kurzem das Thema Umweltschutz den Charakter einer höchst unwillkommenen, weil kostensteigernden Nebenbedingung, deren gesellschaftsweite Bedeutung man zwar irgendwo anerkannte, deren Konsequenzen man jedoch mit dem Hinweis auf die Gefährdung der eigenen Wettbewerbsposition gerne von sich wies. Es herrschte eine *defensive Dynamik* vor, deren Ziel es war, Belastungen und Kostenfolgen für die Unternehmung unter allen Umständen abzuwenden. Ansprüche wurden verharmlost, abgewehrt, bekämpft oder vermieden.

Dieses Bild hat sich heute verändert. Wenn man verfolgt, was sich im Innern vieler Unternehmungen tut, so sind *Zeichen des Umschwungs* unverkennbar. Wachsende Akzeptanz und Aktivität im Hinblick auf Fragen des Umweltschutzes ist in den Unternehmungen zu beobachten. Umweltschutzaufwendungen werden plötzlich nicht primär als Kostenfaktor gesehen, sondern als Investition in eine ohne Zweifel "ökologischere" Zukunft und - paradoxerweise - in die internationale Wettbwerbsfähigkeit der Industrie auf einem wichtigen Zukunftsmarkt. Die defensive Dynamik wird dadurch zusehends durch eine *offensive Dynamik* überlagert.

a) Eine von der schweizerischen Gesellschaft für Marketing (GfM) im November 1987 bei 373 Unternehmungen in der Schweiz durchgeführte Befragung dokumentiert diesen fortgeschrittenen Wandel *in den Unternehmungen* mit aller Deutlichkeit: Mehr als die Hälfte, 56% der befragten Unternehmungen geben an, dass "alle" oder "viele Teilbereiche" ihrer Tätigkeit durch die Umweltschutz-Problematik betroffen sind. Demgegenüber geben 41% der Unternehmungen an, dass nur wenige oder keine Teilbereiche ihrer Tätigkeit betroffen sind. (GfM 1987) Die Ergebnisse einer derzeit noch laufenden Untersuchung aus dem Jahr 1990 bei den gleichen Unternehmungen belegen, dass innerhalb von zwei Jahren der entsprechende Anteil der stark betroffenen Unternehmungen von 56% auf 74% massiv zugenommen hat, während der Anteil der schwach betroffenen Unternehmungen von 41% auf 27% deutlich zurückgegangen ist. (Nitze 1990)

Interessant ist, dass die *Unternehmungsgrösse* keinen signifikanten Einfluss darauf ausübt, ob sich die Firmen als mehr oder weniger durch Umweltschutzanliegen betroffen ansehen. Das heisst: Die Herausforderung durch die Umweltproblematik betrifft kleine Unternehmungen in gleichem Masse wie grosse Unternehmungen.

Die Zugehörigkeit zu bestimmten *Sektoren* der Wirtschaft spielt gemäss GfM-Studie allerdings eine Rolle. So sind nach eigener Einschätzung insbesondere im Konsumgüterbereich tätige Unternehmungen von den Forderungen des Umweltschutzes betroffen. Gegenüber den 56% des Totals der befragten Firmen, die angeben, dass alle oder viele ihrer Teilbereiche betroffen sind, sind es im Konsumgüterbereich 72%, im Investitionsgüterbereich immer noch überdurchschnittliche 59% der Firmen, während der Dienstleistungsbereich sich mit 35% als stark unterduchschnittlich betroffen einstuft.

Ein noch stärker differenzierteres Bild ergibt die Einstufung der Betroffenheit nach *Branchen*. Hier gibt es deutliche Unterschiede zwischen überdurchschnittlich und unterdurchschnittlich stark betroffenen Branchen, was aus der Abbildung hervorgeht:

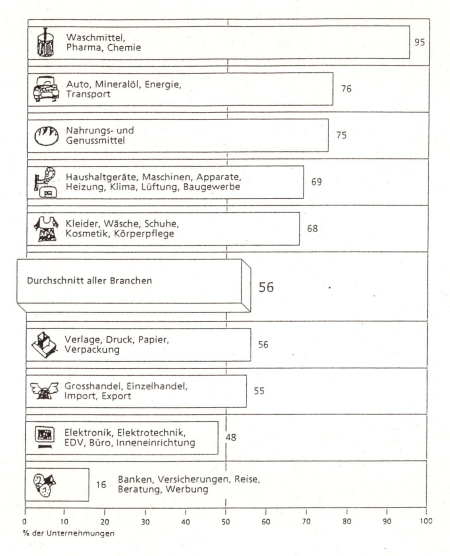

Abbildung 5: Betroffenheit verschiedener Branchen durch Umweltschutz

b) Im Auftrag der Wirz-Gruppe wurden im November 1989 die Einstellungen der obersten Führungskräfte aus dem Kreis der 500 grössten Unternehmungen in der deutschen und französischen Schweiz zu Umweltfragen erforscht. (Wirz Partner 1989) Die Ergebnisse zeigen, dass auch die Führungskräfte heute in einem überraschend hohen Ausmass umweltbewusst, offen und kritisch sind. Während auf der einen Seite die ökologischen Gefahren sehr klar gesehen werden, sieht man in dieser Herausforderung für die Wirtschaft sehr wohl auch deutliche *Chancen eines qualitativen Wachstums* und entsprechender *Wettbewerbsvorteile* durch ein frühzeitiges Umstellen. Dies gilt in signifikant höherem Masse noch für die jüngeren Altersgruppen. Im Rahmen dieser Studie wird die Altersgruppe "bis 44 Jahre" als "Jüngere" bezeichnet, und der Altersgruppe "45 Jahre und mehr" gegenüber gestellt. Die Ergebnisse zeigen im einzelnen:

- 64% der Führungskräfte schätzen die Umweltbelastung in der Schweiz als wirklich ernst ein; bei den Jüngeren sind es sogar 73%.

- 77% der Führungskräfte sind der Meinung, dass wir alle uns vermehrt vom Wachstum abkehren werden und andere, qualitative Werte entdecken müssen.

- 65% der Führungskräfte sind der Meinung, dass man echte Reduktionen der Umweltbelastung nur mit Vorschriften erzielen kann; nur 31% glauben, dass dies auf freiwilliger Basis passieren kann.

- Überraschend ist der hohe Satz von 41% aller Führungskräfte, die damit einverstanden sind, dass die Umweltschutzauflagen für die Schweizer Industrie strenger sein dürften als im benachbarten Ausland; bei den Jüngeren sind es sogar 50%. Ein Grund hierfür mag in dem nachfolgenden Ergebnis zu sehen sein.

- 64% der Führungskräfte sind der Meinung, dass die Schweiz dank ihrer rigorosen Umweltbestimmungen weltweit vom umwelttechnischen Know-How profitiert. Hierbei unterscheiden sich die Jüngeren mit 68% Zustimmung nur wenig von den Älteren mit 61%.

- 77% aller Führungskräfte sind der Meinung, dass Unternehmungen, die möglichst rasch auf ein umweltfreundliches Verhalten umstellen, im Wettbewerb der Zukunft Vorteile haben werden; von den Jüngeren sehen dies 80% so.

c) Stellvertretend für viele weitere Zeichen des Umschwungs ist auch auf die im März 1989 erfolgte Gründung der *"Schweizerischen Vereinigung für ökologisch bewusste Unternehmungsführung" (ÖBU)* hinzuweisen, eine Initiative der schweizerischen Wirtschaft, die in die Wege geleitet wurde durch die an der Hochschule St. Gallen aktive Studentengruppe "oikos". Der Zweck dieser Vereinigung ist, gemäss Statuten, die "Förderung ökologischen Bewusstseins und Handelns in der schweizerischen Wirtschaft, insbesondere die Umsetzung ökologischer Erkenntnisse in der Unternehmungsführung." Sie strebt ihren Zweck insbesondere durch die Vermittlung ökologischer Kenntnisse an Führungskräfte, durch Erfahrungsaustausch, themenzentrierte Arbeitsgruppen, Förderung von Aus- und Weiterbildung sowie durch die Förderung von Forschungsprojekten an. Die ÖBU umfasst ein Jahr nach ihrer Gründung bereits 100 Mitgliedsfirmen aus allen Bereichen und Regionen der Schweiz.

Mit diesem Übergang der ökologischen Herausforderung von einem Anliegen der Bevölkerung und der Politik zu einem Anliegen der Unternehmungen und ihres Managements, sehen sich diese vor neue, ungewohnte Aufgaben gestellt. Die unternehmerische Aufgabe und Herausforderung besteht dabei in der *Integration der ökologischen Dimension in die Prozesse der Unternehmungsführung.* Ökonomie und Ökologie gilt es, mit anderen Worten, miteinander vereinbar zu machen, wenn die drängenden ökologischen Probleme gelöst werden sollen. Dass es sich hierbei um eine auch betriebswirtschaftlich durchaus vernünftige Entscheidung handelt, angesichts der zunehmenden wirtschaftlichen Relevanz ökologischer Zusammenhänge, das soll nun erläutert werden.

7. Umweltschutz wird in rasch zunehmendem Masse zu einem wirtschaftlich relevanten Faktor

Der Einbezug der Ökologie in die Unternehmungsführung ist traditionell entweder mit gesellschaftspolitischen Argumenten begründet worden, um unerwünschter staatlicher Regulierung zuvorzukommen, oder mit ethischen Argumenten, weil man es als moralische Pflicht ansah. Doch heute kann man nicht nur, man muss sogar die *wirtschaftlichen Gründe* in den Vordergrund stellen. Es kann nämlich nicht mehr übersehen werden, dass die Anforderungen einer ökologisch vertretbaren Produktion und ihrer Produkte angesichts des tiefgreifend veränderten gesellschaftlichen Meinungs- und Erwartungsklimas auf der einen Seite sowie angesichts der wachsenden gesetzgeberischen Aktivitäten auf der anderen Seite heute selber Ursache wirtschaftlicher Risiken, aber auch Chancen für die Unternehmungen darstellen. Die Folge hieraus sind einesteils ökologisch bedingte Verlierer, anderteils aber auch Gewinner.

Auf der Verliererseite wären z.B. anzusiedeln die Asbesthersteller, die Hersteller sogenannter "Sonderabfälle", die Hersteller bestimmter Verpackungen, sofern sie sich nicht als Mehr-Weg-Verpackungen eignen oder in grösserem Umfang recycliert werden, die Hersteller von PVC, FCKWs oder Batterien. Zu den Verlierern zählen jedoch auch ganze Berufszweige und Sektoren wie die Fischer, die Waldbesitzer oder der Fremdenverkehr in ökologisch belasteten Regionen, die ganz unmittelbar als Opfer der zunehmenden Umweltbelastung anzusehen sind.

Auf der Gewinnerseite wären demgegenüber die Hersteller von Umweltschutztechnologien anzusiedeln, die Hersteller von Mehr-Weg-Verpackungen, der Toni-Milchverband Winterthur, als Hersteller des Toni Joghurts im rezyklierbaren Glas, die Poly-Recycling AG in Weinfelden, die als Rohstoffbasis recyclierte Plastikabfälle verwendet oder *die* Waschmittelhersteller, die heute über ein Einsatzmittel verfügen, das auch in phosphatfreien Waschmitteln noch weisse Wäsche garantiert.

Die traditionelle defensive Unternehmerweisheit setzt Umweltschutz automatisch mit zusätzlichen Kosten gleich. Hierbei wird in aller Regel an Mehraufwendungen gedacht, denen *kein* entsprechender Nutzen gegenübersteht. Doch stimmt diese Sicht der Dinge noch angesichts einer fortschreitenden Internalisierung ökologischer Kosten? Es erscheint heute unabdingbar dieser traditionellen Weisheit eine *neue Sicht* gegenüberzustellen, die der veränderten Sachlage angemessener erscheint. Sie kann auf folgende Formel gebracht werden:

**Richtig ist, dass Umweltschutz Geld kostet.
Richtig ist aber auch, dass der Verzicht
auf Umweltschutz ebenfalls Geld kostet -
häufig sogar noch mehr.**

Welcher Art sind die *Vorteile* für die Unternehmung, die sich durch ökologische Massnahmen erzielen lassen? Es handelt sich hierbei um eine ganze Reihe von aktuellen und potentiellen Vorteilen:

a) *Kosteneinsparungen durch Ressourcenbewirtschaftung*: Im Bereich des Material-, Wasser- und Energieeinsatzes gibt es grosse Bereiche, in denen sich ein möglichst sparsamer und effizienter Ressourceneinsatz sowohl ökologisch als auch ökonomisch vorteilhaft auswirkt. Der Migros Genossenschaftsbund in Zürich hat sehr früh und sehr systematisch begonnen, seinen Ressourceneinsatz systematisch zu optimieren, indem für jeden Unternehmungsbereich entsprechende Einsparziele vorgegeben und überwacht werden. Die Erfolge ihrer Bemühungen sind z.T. beeindruckend. Die Bemühungen zeigen jedoch auch deutlich, dass solche Erfolge einem nicht einfach in den Schoss fallen: Sie sind das Resultat systematischer und andauernder Verbesserungsmassnahmen. (vgl. hierzu den Beitrag von W. Brokatzky in diesem Band)

b) *Kosteneinsparungen durch Abfallreduktion*: Besonders drängend und kostspielig sind heute die Abfall- und Entsorgungsprobleme. Die Entsorgung ist heute als gleichrangige Aufgabe zu der Versorgung hinzugetreten. Ein mittlerer Textilbetrieb berechnet z.B. dass sich die Abwasserkosten innerhalb der letzten 10 Jahre verdreifacht haben, bei weiterhin stark ansteigender Tendenz. Bei einem grossen Pharmahersteller beträgt der Anteil der Abfallbeseitigung bereits 20% der Herstellkosten. Hierdurch ist eine ausserordentliche Motivation entstanden, Abfälle, wo immer möglich, erst gar nicht entstehen zu lassen. Dies ist zu sehen vor dem Hintergrund eines ausgesprochenen Entsorgungsnotstandes in der Schweiz, aber auch in anderen Ländern, der noch dadurch verschlimmert wird, dass es zur Zeit wegen der lokalen Widerstände unmöglich ist im eigenen Lande eine dringend benötigte Sondermülldeponie einzurichten oder einen Sondermüllverbrennungsofen zu bauen. Ein entsprechendes Gesuch von Ciba-Geigy in Basel hat mehrere hundert Einsprachen nach sich gezogen, deren Behandlung das Projekt auf Jahre hinaus blockiert.

c) *Verbesserte Planungseffizienz durch kürzere Genehmigungsfristen und verminderte Genehmigungsauflagen:* Gemäss Stoffverordnung ist für alle neuen, aber auch für einzelne alte Stoffe eine Prüfung der Umweltverträglichkeit mittels Selbstkontrolle, vorgängig zum hinzutretenden obligatorischen Anmeldeverfahren zu erstellen. Darüber hinaus ist für bestimmte Stoffe ein eigentliches Zulassungsverfahren zu durchlaufen, wie dies auch gemäss Verordnung über die Umweltverträglichkeitsprüfung für alle dort erfassten Anlagen heute Pflicht ist. Auch hierdurch sind grosse ökologisch bedingte Sparpotentiale entstanden, die sich aus der Möglichkeit einer Verkürzung von Genehmigungsfristen und einer Verminderung von Auflagen ergeben. Es lohnt sich zunehmend, mit anderen Worten, ökologisch unbedenkliche anstelle ökologisch bedenklicher Stoffe oder Verfahren einzusetzen und zu entwickeln und im Zuge der Planung von Anlagen deren ökologischen Konsequenzen von allem Anfang mit einzubeziehen.

d) *Verminderte Kosten der Risikoabsicherung*: Schärfere Vorschriften, der Ausbau der staatlichen Kontrollorgane, aber auch die noch stärker angewachsene Risikosensibilität in der Gesellschaft führen zu vermehrten Ansprüchen an die Betriebe, genauso wie an deren Haftpflichtversicherer, die sich mit eskalierenden Kosten für Umweltschäden konfrontiert sehen. Hieraus entstehen aber auch Sparpotentiale, die in einem eigentlichen *ökologischen Risikomanagement* zur Verminderung von Risiken und zur Verhinderung von Störfällen liegen. Vorsorgen ist immer noch - das gilt auch hier - um einiges billiger.

Im heute in der Schweiz gültigen Konzept der Betriebshaftpflichtversicherung sind i.a. nur die finanziellen Folgen eines einzelnen, plötzlich eingetretenen und unvorhergesehenen Ereignisses abgedeckt. Kein Versicherungsschutz besteht demgegenüber, wenn mehrere in der Wirkung gleichartige Ereignisse zusammen Schutzmassnahmen erforderlich machen, die bei einzelnen Ereignissen dieser Art nicht notwendig wären. (z.B. gelegentliches, tropfenweises Eindringen von Schadstoffen in den Boden, wiederholtes Verschütten von Flüssigkeiten aus mobilen Behältern) Diese ökologisch durchaus bedeutsame Kategorie sogenannter "schleichender Schäden" ist m.a.W. nicht versichert und kann auch höchstens durch separate Zusatzverträge, nach einer vorherigen individuellen Risikoprüfung versichert werden. Hieraus wird der Wille der Versicherer deutlich, nicht die Risiken des "Normalbetriebs", welche direkt durch die Sorgfalt des Betreibers beeinflusst werden, tragen zu wollen, sondern nur diejenigen des plötzlich eintretenden, eigentlichen Störfalles. Es ist deshalb dem Betreiber übertragen, die Risiken seines "Normalbetriebs" selber zu erkennen und unter Kontrolle zu halten. Dass es sich angesichts der grossen Anzahl neuer und strenger Vorschriften hierbei um einen relevanten Gefahrenbereich handelt, ist leicht ersichtlich. (Vorsorge im Betrieb 1989; Krenger 1988)

Mit dem Übergang zur *Produktehaftpflicht* in der EG, ist die exportmässig stark verflochtene Schweiz zudem noch von der nachgelagerten Stufe des Produktekonsums her haftpflichtmässig exponiert, da gemäss der EG-Richtlinie mit dem EG-Importeur zugleich auch der Schweizer Hersteller für allfällige Schäden haftet.

e) *Verbesserte Markt- und Absatzchancen*: Während sich die bisher behandelten Faktoren kostenseitig auswirken, gibt es weitere Faktoren, die sich ertragsseitig auswirken. Mit dem zugenommenen Ökologiebewusstsein ist nämlich auch ein verändertes Nachfrageverhalten wirksam geworden: Die Umweltverträglichkeit der Produkte wird zunehmend zu einem bedeutenden *Wettbewerbsfaktor* neben dem Preis und der Qualität. Wenn auch der Graben zwischen Worten und Taten teilweise noch relativ gross ist, so liegen doch mittlerweile konkrete Zahlen vor, die belegen, dass den ökologischen Worten - im Bereich der Konsumgüter zumindest - auch ein ökologisches Kaufverhalten entspricht. So hat die IHA ermittelt, dass die "Kerngruppe" umweltbewusster Deutsch-Schweizer - immerhin bereits 37% aller Haushalte - beispielsweise 35% weniger Gewebeveredler, 34% weniger Duschbäder, 50% weniger Haarspray und 55% weniger Aerosol-Deodorants kauft, dafür aber 12% mehr Feinwaschmittel, 16% mehr Waschhilfen, 9% mehr Seife und 62% mehr Roll-on-Deodorants als die Kerngruppe der Nicht-Umweltbewussten. (IHA-Umweltstudie 1990) Dies wird massiv unterstützt von Konsumentenorganisationen, Testinstituten und den Umweltbehörden, aber auch durch vielfältige ökologische Einkaufs- und Beschaffungshilfen. (Umweltbundesamt 1987; Elkington/Hailes 1990) Es gilt wohl ganz generell, dass es kein Kunde sonderlich schätzt, wenn er mit den Produkten gleich noch teure Entsorgungsprobleme, erzwungene Ressourcenverschwendung oder ökologische Risiken mitgeliefert bekommt.

Es gibt heute in vielen Märkten Käufersegmente, für die ökologische Aspekte verhaltens- und damit nachfragewirksam sind. Es gibt auch Märkte, in denen ökologische Aspekte zum *dominierenden Wettbewerbsfaktor* geworden sind, wenn man an Verpackungen, Waschmittel oder Haushaltgeräte denkt. In der Mehrzahl der Fälle muss jedoch eher davon ausgegangen werden, dass die Ökologie als *ergänzender Faktor* zu den bestehenden Wettbewerbsfaktoren hinzutritt, und sich nur dann zugunsten der ökologisch vorteilhafteren Lösung auswirkt, wenn die miteinander konkurrierenden Produkte im Hinblick auf Qualität und Preis vergleichbar sind. Die Ökologie hat hierbei den Charakter eines zunehmend verlangten Zusatznutzens.

Zwei Gründe sind noch zu erwähnen, um zu belegen, warum eine Ökologieorientierung der Nachfrage ein relevanter Wettbewerbsfaktor darstellt: Zum einen ist auf die zunehmend praktizierte ökologiebewusste Beschaffungspolitik der *öffentlichen Körperschaften* und deren Betriebe hinzuweisen, die unter dem Druck der öffentlichen Meinung zunehmend gezwungen sind, auf diesem Gebiet mit gutem Beispiel voranzugehen. Zum anderen bestehen keinerlei Zweifel darüber, dass der Trend weiterhin in Richtung einer zunehmenden Ökologieorientierung verläuft. Wie gross auch immer das heute bereits bestehende ökologische Nachfragepotential sein mag, es wird in Zukunft in jedem Fall *grösser* werden, nicht kleiner. Diese zunehmenden Nachfragepotentiale nicht zu beachten, bedeutet seine zukünftigen Markt- und Absatzchancen leichtfertig zu verringern.

f) *Finanzierungsvorteile*: Seit kurzem erscheinen auch die ersten Anlagestudien zum Thema ökologisches Investment. Die vom Schweizerischen Bankverein vorgenommene Einschätzung der Gesamtentwicklung betont die folgenden Elemente: (Schweizerischer Bankverein 1990; vgl. auch: UBS Phillips & Drew 1989)

- Grundsätzlich wird es zu einem *Strukturwandel* von "schädigender" zu "weniger schädigender" Industrie kommen.
- *Neue Märkte* für Umweltschutzgüter und Dienstleistungen kommen auf. Schätzungen ergeben eine reale Verdreifachung der derzeitigen europäischen Ausgaben für Umweltschutz von ca. 1% des BIP in den 90er Jahren.
- Die veränderten Rahmenbedingungen treffen die einzelnen Sektoren unterschiedlich. Entscheidend wird sein, wie sich die *einzelne* Unternehmung an die neuen Marktbedingungen anpassen kann.

Im Hinblick auf die *Anlagestrategien* werden folgende Unternehmungskategorien hervorgehoben:

- Anbieter von *weniger schädigenden Substituten* in vom Umweltschutz stark betroffenen Sektoren wie Transport, Verpakkung und Energie.
- Produzenten eigentlicher *Umweltschutzgütern oder -dienstleistungen*. Genannt werden als Bereiche insbesondere Bauisolationen, Katalysatoren, Wasserversorgung, Kläranlagen, Verbrennungsöfen, Entschwefelungsanlagen, Messgeräte, umweltgerechte Abfallbeseitigung, Recycling.
- Unternehmungen, die heute einen *entscheidenden Vorsprung* im Bereich des Umweltschutzes haben und so besser als ihre Konkurrenten auf die veränderten Rahmenbedingungen vorbereitet sind.

g) *Erhöhte Attraktivität als Arbeitgeber:* Gemäss der Werthaltungsuntersuchung, die am Institut für Betriebswirtschaft der Hochschule St. Gallen durchgeführt wurde, sind ökologisches Bewusstssein und ökologische Erwartungshaltung bei Studenten deutlich stärker ausgeprägt als bei Führungskräften. (Ulrich/Probst/Studer 1985, S. 257) Angesichts eines völlig ausgetrockneten Arbeitsmarktes und der Notwendigkeit sich insbesondere um die fähigsten und motiviertesten jungen Leute heute besonders bemühen zu müssen, stellt die Möglichkeit einer ökologisch bewussten Unternehmungsführung diesbezüglich eine erfolgversprechende Strategie des *Personalmarketings* dar. Personalchefs stellen fest, dass ökologienahe Tätigkeiten von den Jungen bevorzugt angestrebt werden, wobei auch traditionell als unattraktiv angesehen Bereiche wie z.B. das Abfuhrwesen eine Aufwertung erfahren. Aber auch im Hinblick auf die tägliche Führung der Mitarbeiter im Betrieb ist unverkennbar, dass eine bewusste Ökologieorientierung ein bedeutender Faktor für die Motivierung und Sinnerfüllung der eigenen Mitarbeiter darstellt.

h) *Verbesserung des Unternehmungsimages:* Angesichts von gravierenden Problemen öffentlicher Glaubwürdigkeit und Akzeptanz von Unternehmungen, aber auch ganzen Branchen, stellt ein ernst gemeintes aktives ökologisches Engagement letztlich auch eine sinnvolle Strategie zur Verbesserung des Images der Unternehmung in der Öffentlichkeit dar. Dies kommt der Unternehmung auf vielfältigste Weise wieder zugute.

i) *Folgekosten für Wirtschaft und Gesellschaft*: Darüber hinaus ist unverkennbar, dass die Alternative zu einem fehlenden Engagement der Wirtschaft in zunehmenden Staatseingriffen liegt. Ob die daraus resultierenden weiteren Einschränkungen erwünscht sind und ob dies als die effektivste Lösung anzusehen ist, mag bezweifelt werden. Die Alternative kann deshalb nur heissen: Akzeptanz einer expliziten ökologischen Verantwortung durch die Unternehmungen selber. Nur so haben wir die Gewähr, dass das bei ihnen angehäufte pragmatische Know-How fruchtbar wird. Das Interesse der Wirtschaft an der Erhaltung ihrer öffentlichen Glaubwürdigkeit aber auch an der Vermeidung einer weiteren Polarisierung des politischen Klimas sollte deshalb ein weiterer Grund für ein aktives ökologisches Engagement der Unternehmungen sein.

Es gibt, das sollte hiermit deutlich geworden sein, eine Fülle von guten Gründen, warum es richtig und nötig ist, die ökologische Dimension aktiv in die Unternehmungsführung zu integrieren. Um dies zu begründen, muss nicht mehr eine besondere moralische Verantwortung für die natürliche Umwelt oder unsere Nachwelt angerufen werden. Es genügt hierzu auf das *aufgeklärte Eigeninteresse* der Unternehmungen selber zu verweisen.

8. Umweltschutz: Die Elemente eines neuen, zusätzlichen Unternehmungsziels

Betrachtet man das herkömmliche Zielsystem der Unternehmung, so finden sich hier fast ausschliesslich wirtschaftliche Ziele wie Gewinn, Cash Flow, Rentabilität oder Marktanteile. Im Zuge der zunehmenden Integration der sozialen Frage in das Wirtschaftssystem im Verlauf dieses Jahrhunderts, sind neben die rein wirtschaftlichen Ziele der Unternehmung noch *soziale Ziele* hinzugetreten, die den Arbeitsschutz, die soziale Sicherung, aber auch Fragen der Partizipation und Humanisierung der Arbeitsbeziehungen betreffen. Die einstmals "freie" Marktwirtschaft entwickelte sich dadurch über einen mehrere Jahrzehnte dauernden Prozess weiter zu einer "sozialen" Marktwirtschaft, in der die ungehinderte Entscheidungsmacht der frühindustriellen Unternehmer durch soziale Restriktionen eingeschränkt, zunehmend aber auch durch soziale Ziele angereichert wurde. Damit erfolgte eine erste markante Erweiterung der herkömmlichen, rein wirtschaftlichen Zielkonzeption der Unternehmung. Angesichts der ökologischen Problematik zeichnet sich nun eine zweite historische Ausweitung der unternehmerischen Zielkonzeption ab, die die erforderliche Integration des Umweltschutzziels betrifft. Analog zur *"Öffnung nach innen"* - im Hinblick auf die Belange der Mitarbeiter und die sozialen Ziele der Gesellschaft insgesamt - befinden sich die Unternehmungen heute inmitten einer in ihren Konsequenzen durchaus vergleichbaren *"Öffnung nach aussen"* - im Hinblick auf die Belange der Umwelt.

Doch worin besteht das Umweltschutzziel im einzelnen? So lange wir uns hierüber nicht im klaren sind, zielen entsprechende Forderungen nach einer Integration der Ökologie ins Leere. Um eine solche Zielkonzeption zu entwickeln, soll hier von dem allgemeinen Bild der Unternehmung als einem *ökologischen*

Teilsystem ausgegangen werden, in die auf der einen (Input-) Seite natürliche und nur begrenzt verfügbare Ressourcen verschiedenster Art hineinfliessen, während auf der anderen (Output-) Seite entsprechend vielfältige Emissionen und Abfälle wieder an die Umwelt abgegeben werden. Darüber hinaus entstehen im Zuge der Unternehmungstätigkeiten aber auch Risiken, die sich in Gestalt von aktuellen Unfällen oder Störfällen, häufiger jedoch in Gestalt potentieller Gefahrenquellen für Gesundheit und Umwelt manifestieren. Damit sind bereits die drei zentralen Elemente des Umweltschutzes als Unternehmungsziel benannt. Sie betreffen den Ressourcenschutz, die Emissionsbegrenzung sowie die Risikobegrenzung (Abbildung 6).

9. Der ökologische Produktlebenszyklus als Basis einer erweiterten Betrachtung der rein betrieblichen Wertschöpfungskette

Die ökologischen Zusammenhänge zwingen uns jedoch auch den Blick über die zu eng gewordenen Grenzen der individuellen Unternehmung hinaus zu erheben. Die Notwendigkeit hierzu wird sehr deutlich, wenn man sich einige Tatsachen wie die folgenden vergegenwärtigt: Unser Trinkwasser ist heute mit Rückständen von mehr als 30 Pestiziden und Herbiziden befrachtet, die wohl ein Problem der Wasserwerke und Konsumenten sind, jedoch grösstenteils von landwirtschaftlichen Anwendungen ausgehen. Über die biologische Abbaubarkeit von Stoffen wie den in der Textilindustrie verwendeten Schlichtemitteln entscheidet die chemische Industrie, während die Gewässerbelastungen die Textilhersteller treffen. Oder ein letztes Beispiel: Beim Wiederverwenden von Altpapier als Rohstoff für die Papierherstellung, angesichts hoher Zellstoffpreise eine auch wirtschaftlich durchaus sinnvolle Handlung, fallen wenig geschätzte

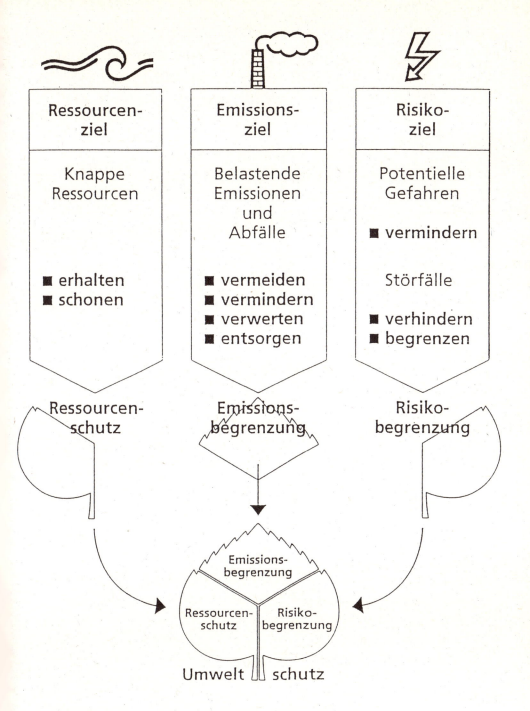

Abbildung 6: Umweltschutz als Unternehmungsziel

Schwermetalle an, die aus der Farbe der bedruckten Papiere herstammt. Die ökologisch sinnvolle Handlung der Wiederverwertung von Altpapier wird somit gleichzeitig wieder in Frage gestellt, solange die Druckfarben der Farbenhersteller schwermetallhaltig sind.

Diese Beispiele belegen, dass viele der uns heute bedrückenden Emissions- und Entsorgungsprobleme ganz *am Anfang* einer vielstufigen Kette durch unbedachte Stoffeinsätze und Produktentwicklungen von *ganz anderen* als den schliesslich betroffenen Akteuren verursacht werden. Unser Managementdenken hat offensichtlich Mühe mit diesem Phänomen der Verlagerung ökologischer Probleme entlang der Kette, die ein Produkt von der Phase der Rohstoffgewinnung bis zur Entsorgung der verbleibenden Abfallreste über eine ganze Kette von unterschiedlichen Stationen und verschiedenartigen Akteuren durchläuft. Selbst so moderne betriebswirtschaftliche Instrumente wie die "Wertschöpfungskette" (Porter 1986) ermitteln den Erfolg immer nur mit Bezug auf die innerbetrieblichen Phasen, wobei die Produktionsphase eindeutig dominiert. Weder die Vorstufen der Rohstoffgewinnung oder der Vorprodukteerzeugung noch die nachgelagerten Stufen des Konsums oder der Entsorgung geraten dabei je ins Blickfeld. Dass dieses Vorgehen - auch rein betriebswirtschaftlich betrachtet - angesichts der veränderten Situation systematisch in die Irre führen kann, wird dann offenbar, wenn sich beispielsweise die Kunden aufgrund der ihnen überlassenen Entsorgungsprobleme von den Lieferanten ökologisch bedenklicher Produkte abwenden. Es kann auch nicht länger übersehen werden, dass Testinstitute ihre Kaufempfehlungen oder der Gesetzgeber seine Regulierungen an den festzustellenden *ökologischen Gesamtwirkungen* ausrichten, die sich über den gesamten Lebenszyklus eines Produktes - von seiner "Wiege" bis zur "Bahre" - ergeben.

Eine diesen Problemen gerecht werdende Form des leistungswirtschaftlichen Prozesses muss deshalb *alle* Phasen eines umfassenden *"ökologischen Produktlebenszykluses"* erfassen. Verlangt ist m.a.W. eine Verlängerung der rein betrieblichen Wertschöpfungskette über die zu eng gewordenen Grenzen der individuellen Unternehmung hinaus, um den Zusammenhang der ganzen "Produktökologie" in den Blick zu bekommen.

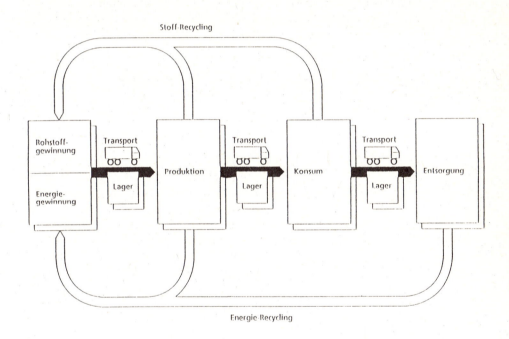

Abbildung 7: Die grundlegenden Phasen des ökologischen Produktlebenszykluses

Im Rahmen des ökologischen Produktlebenszykluses sind fünf grundlegende Phasen zu unterscheiden, die von der Rohstoff- und Energiegewinnung, über Produktion und Konsum bis zur Entsorgung reichen und auch die in jeder Phase anfallenden Transport- und Lagerprobleme mit umfassen. Diese grundlegenden Phasen sind im Hinblick auf den konkret vorliegenden Fall unter Umständen noch zu ergänzen oder zu verfeinern.

Das Entscheidende am ökologischen Produktlebenszyklus ist, dass die rein betriebliche Wertschöpfungskette erweitert wird, um auch die *faktisch gegebenen* Wirkungen ökologischer Prozesse, die typischerweise weitergehende Auswirkungen und Konsequenzen haben, erfassen und abbilden zu können. Diese bislang externalisierten Auswirkungen gilt es in die betrieblichen Planungs- und Entscheidungsprozesse mit *hineinzunehmen* und sie dadurch zu integrieren. Erst dann können die Unternehmungsentscheide auf der Basis der tatsächlichen ökologischen Wirkungen getroffen werden. Demgegenüber wird deutlich, dass es sich im Falle der rein betrieblichen Wertschöpfungskette um nicht mehr als einen Ausschnitt aus einer tatsächlich viel längeren Kette handelt. Eine Orientierung an der solchermassen verkürzten betrieblichen Wertschöpfungskette wird vor diesem Hintergrund als Anleitung zur Suboptimierung offenbar.

III. Konsequenzen für die Unternehmungsführung

10. Ein ökologisches Unternehmungskonzept zur Ermittlung von Ansatzpunkten für ökologische Massnahmen

Bereits ein flüchtiger Blick auf die Ansatzpunkte ökologischen Handelns zeigt, dass eine grosse Vielfalt betrieblicher Funktionen hierfür in Frage kommen kann. Ökologische Probleme können in der Produktion entstehen, aber auch bei der Lagerung oder Verteilung der Produkte. Hiermit sind Fragen der Produktionsgestaltung aber auch der Materialbeschaffung angesprochen. Ökologische Probleme können daneben beim Produktekonsum oder bei der Entsorgung auftreten, was in der Unternehmung durch Massnahmen der Produktentwicklung und Materialbeschaffung beeinflusst, z.T. sogar bestimmt wird. Ökologische Fragen betreffen jedoch auch das Marketing, wenn es darum geht, angesichts eines zunehmend ökologisch sensiblen Nachfrageverhaltens die eigenen Produkte zu positionieren und zu verkaufen. Es wird somit deutlich, dass im Prinzip *alle Stufen* des *leistungswirtschaftlichen Prozesses* durch ökologische Probleme betroffen werden, von der Produktentwicklung über Materialbeschaffung, Produktion, Marketing und Logistik bis zur Entsorgung. Hiermit ist die erste, primäre Dimension eines ökologischen Unternehmungskonzepts bezeichnet.

Daneben betreffen ökologische Probleme jedoch auch betriebliche Funktionsbereiche, die nicht bereits durch die primäre, leistungswirtschaftliche Dimension erfasst sind. Zu denken ist hierbei an Probleme ökologiegerechter Anlagen und Infrastruktur, an Probleme der Organisation des Umweltschutzes in der Unternehmung, der Aus- und Weiterbildung in Sachen Umweltschutz, der Erfassung und Kontrolle ökologisch relevanter Tätigkeiten mittels adäquater Führungsinstrumente oder auch der Kommunikation und Öffentlichkeitsarbeit. Die hiermit angesprochenen Probleme werden als *"unterstützende Tätigkeiten"* in einer zweiten, sekundären Dimension erfasst. Sie betreffen nicht einzelne leistungswirtschaftliche Stufen, sondern alle gemeinsam. Die zweidimensionale Struktur eines systematischen ökologischen Unternehmungskonzepts kann nun mit Hilfe der nachfolgenden Abbildung 8 verdeutlicht werden.

Kommunikation und Öffentlichkeitsarbeit	Komm. nach innen und aussen, Organisation d.K., Krisenmanage.
Führungssysteme und -instrumente	Ressourcen-, Bestandescontrolling Risikoanalyse, Öko-Leitbild, Planung
Personal und Organisation	Organisation, Aus-/Weiterbildung, Motivation
Anlagen und Infrastruktur	Bauten, Anlagen/Arbeitsmittel, Transportmittel

Produktentwickl.	Materialbeschaff.	Produktion	Marketing/ Verkauf	Logistik	Recycling/ Entsorg.
-Merkmale -Bestandt. -Verwendung -Entsorgung	-Eigenschaften -Information	-Ressourcen verbrauch -Emissionen -Rückstände -Risiken	-Produkte Sortiment -Preis -Verpackung -Werbung/PR -Absatzkanal	-Strukturen -Transporte -Lagerung	-Internes Recycling -Externes Recycling -Entsorgung

Abbildung 8: Struktur eines ökologischen Unternehmungskonzepts und konkrete Ansatzpunkte für ökologische Massnahmen

Auf der Basis dieser beiden Dimensionen ergeben sich nun zehn konkrete *Ansatzpunkte für ökologische Massnahmen*. Sie bilden ein logisch-systematisches und zugleich umfassendes ökologisches Unternehmungskonzept, das besonders als Instrument für die Analyse ökologischer Probleme in der Unternehmung geeignet ist. Worin die konkreten Ansatzpunkte zu sehen sind und in welche Richtung allfällige Massnahmen gehen müssen, das ist kann hier nur stichwortartig angedeutet werden. Es ist an anderem Ort bereits ausführlicher dargelegt worden. (Dyllick 1990)

11. Ökologische Innovationen als Strategien eines qualitativen Unternehmungswachstums

Es wird höchste Zeit, die Ökologie endlich als das zu behandeln, was sie mittlerweile ist, nämlich ein wirtschaftlich und strategisch relevanter Faktor, der nicht nur Kostencharakter, sondern primär Investitionscharakter hat. Gefordert sind heute, m.a.W., gezielte *ökologische Innovationen*. Im Gegensatz zu den traditionellen kapital- oder arbeitssparenden Innovationsarten, geht es im Kontext der Ökologie jedoch um die Verwirklichung *umweltschonender* oder *ressourcensparender* Lösungen, wie dies z.B. der Katalysator im Auto oder die Mehrwegflasche darstellt. Ökologische Innovationen lassen sich generell in zwei grosse Gruppen einteilen: In solche Innovationen, die es erlauben, in der eigenen Unternehmung ökologische Belastungen zu reduzieren, und in solche Innovationen, die den Kunden ökologische Vorteile bringen. Tragen die ersteren Innovationen - neben ihrem ökologischen Nutzen - das Potential für betriebsbezogene Einsparungen in sich, so tragen die letzteren - neben ihrem ökologischen Nutzen - das Potential für Wettbewerbsvorteile auf dem Markt in sich.

a) *Betriebsbezogene ökologische Innovationen* erlauben in der eigenen Unternehmung ökologische Belastungen zu reduzieren. Sie betreffen alle drei Teilbereiche des Umweltschutzziels: Ressourcenschutz, Emissionsbegrenzung und Risikobegrenzung.

Sie betreffen erstens den *sparsamen und schonenden Einsatz knapper Ressourcen*. Hier haben Aktionen wie Energiesparprogramme, Wassersparprogramme, Reduktion oder Weglassen von Verpackungsmaterialien, Optimierung von Transportwegen, Verlagerung von der Strasse auf die Bahn, Einsatz von elektronischen Steuerungen aber auch das Wiederverwenden von Produkten und Materialien ihren Platz. Auch geraten bei der Untersuchung von Sparpotentialen schnell grundsätzliche Bereiche wie die Produkt- und Sortimentsgestaltung ins Blickfeld.

Die betriebsbezogenen Innovationen betreffen zweitens die *Begrenzung belastender Emissionen und Abfälle*, die heute durch stark ansteigende Abfallbeseitigungskosten und durch strenge gesetzliche Auflagen betroffen sind. Hier gilt als Grundprinzip: *"Vermeiden vor Vermindern vor Verwerten vor Entsorgen"*. Dieses Grundprinzip besagt:

- Wo immer es geht, ist bereits die Entstehung belastender Emissionen und Abfälle von Anfang an zu vermeiden (Weglassen von Verpackungen oder Ersatz von FCKWs).
- Wo dies nicht geht, gilt es sie wenigstens zu vermindern (Reduktion von SO_2-Emissionen) oder sie durch weniger problematische Substitutionsstoffe zu ersetzen (Verlagerung des Verkehrs von der Strasse auf die Schiene).
- Wo dies auch nicht geht, gilt es zumindest die entstandenen Emissionen und Abfälle zu verwerten, sei es in der eigenen Unternehmung (internes Recycling) oder ausserhalb (externes Recycling).
- Und wo dies alles nicht geht, sollte dann wenigstens dafür gesorgt werden, dass die Emissionen und Abfälle gefahrlos entsorgt werden (Rücknahme und kontrollierte Entsorgung von PCs).

Drittens geht es im Hinblick auf die betriebsbezogenen Innovationen um die *Risikobegrenzung* im Betrieb. Gemäss dem Mitte 1989 in die Vernehmlassung geschickten Entwurf für eine Störfallverordnung muss jeder Inhaber eines als gefährlich eingestuften Betriebs eine Risikoanalyse mitsamt Risikoeinschätzung erstellen und der Vollzugsbehörde einreichen. Diese beurteilt sodann die Tragbarkeit des Risikos und verfügt allfällige Sicherheitsmassnahmen. Auch hier gilt nunmehr gleichermassen, dass damit eine Politik der Prävention von zentraler Bedeutung wird. Zunehmend sind es heute auch die Betriebshaftpflichtversicherer, die den Firmen strenge Auflagen machen, als Bedingung eines Versicherungsabschlusses.

b) *Wettbewerbsbezogene ökologische Innovationen* zielen darauf ab, den Kunden ökologische Vorteile zu verschaffen. Hiermit sind heute deutliche ökologisch bedingte Wettbewerbsvorteile verknüpft. Nicht die eigene Unternehmung, sondern *Kunde und Konkurrenz* stehen hier im Vordergrund, und nicht die Produktionsprozesse, sondern das *Produkt*. Solche ökologische Differenzierungs- und Profilierungsstrategien auf dem Markt zielen entweder darauf ab, einen ökologischen Zusatznutzen anzubieten oder aber sie betreffen - noch weitgehender - das Angebot eigentlicher Öko-Produkte.

Durch das Angebot eines *ökologischen Zusatznutzens* zu einem bestehenden Produkt kann dessen Wert gesteigert werden. Wenn es z.B. gelingt, den Abnehmern mit den verkauften Produkten weniger Abfallbeseitigungskosten, tiefere Energiekosten oder kleinere ökologische Risiken weiterzureichen, so ist dies als ein zunehmend bedeutungsvoller Wettbewerbsvorteil anzusehen, der auch im Preis honoriert wird. Die Chemiefirma z.B., die der Textilindustrie biologisch abbaubare Schlichtemittel anbietet, hat einen greifbaren Wettbewerbsvorteil gegenüber ihren ökologisch weniger versierten Konkurrenten. Kraftwerke, aber auch viele andere Grossanlagen, sind heute kaum noch verkäuflich, wenn sie in ökologischer Hinsicht nicht dem neuesten Stand entsprechen. Bei den Konsumgütern findet bereits heute ein heftiger Wettbewerb im Hinblick auf die Entwicklung möglichst energiesparender Haushaltsgeräte statt. Auf dem Waschmittelmarkt dominieren heute Wettbewerbsargumente, die die möglichst geringe Umweltbelastung der Produkte betreffen. Die Strategie ist in diesen Fällen auf eine bewusste Senkung der ökologiebedingten Kosten und Risiken der Kunden ausgerichtet.

Zu betonen ist hierbei, dass der Kundennutzen - wie immer - auch *psychologischer Natur* sein kann, in Gestalt eines "guten ökologischen Gewissens". Dies haben die Hersteller umweltschonender Waschmittel erkannt, deren unmittelbarer Nutzen für die Konsumentin vor allem psychologischer Natur ist. (vgl. Beitrag Bircher in diesem Band) Der Milchverband Winterthur hat mit dem grossen Erfolg seiner betont ökologisch ausgerichteten Strategie für sein rezyklierbares Toni Joghurt im Glas demonstriert, wie sich auch ein kleiner Wettbewerber durch die Ökologie neue Differenzierungspotentiale erschliessen kann. Gleichzeitig macht dieser Fall jedoch auch sehr deutlich, dass ökologische Innovationen ebenso aufwendig und mühsam sind, wie alle anderen Innovationen auch. Sie bedürfen der Ausdauer und zähen Arbeit, und stellen eine echte unternehmerische Herausforderung dar. (Dyllick 1988)

Aufgrund der gesetzlichen Verpflichtung aber auch aufgrund der Zunahme ökologisch sensibler Käuferschichten haben sich jedoch auch die Chancen für die Lancierung eigentlicher *Öko-Produkte* deutlich erhöht. Diese betreffen neuartige Bedürfnisse, die aufgrund der ökologischen Entwicklung erst entstanden sind. Alle Bereiche der Umwelttechnologien sind hier zu nennen. Sie gelten als sichere Wachstumsbereiche. Ökologiebezogene Dienstleistungen wie ökologische Beratung, Aus- und Weiterbildung oder ökologische Datenbankdienste werden ebenfalls zunehmend nachgefragt.

12. Kommunikation wird zur unternehmerischen Pflicht

Neben den Bereichen Betrieb und Produktion auf der einen Seite und Markt und Produkt auf der anderen Seite, stellen *Öffentlich-*

keit und Kommunikation einen zentralen dritten Handlungsbereich dar. Während Kommunikation und PR häufig noch als Teile des Marketing-Mix verstanden werden, von nachgelagerter Bedeutung und sehr eng auf Produkte- oder Imagewerbung beschränkt, so erhält die Kommunikationsaufgabe im Kontext der ökologischen Herausforderung eine Bedeutung von *unternehmungsstrategischer Tragweite*. Angesichts der Vertrauenskrise von Unternehmungen und ganzen Industrien, die eng mit den offenbar gewordenen ökologischen Risikopotentialen zusammenhängt, geht es heute für die Unternehmungen um die Sicherung von Akzeptanz und Glaubwürdigkeit als knapp gewordenem gesellschaftlichem Produktionsfaktor. Nur wenn es den Unternehmungen gelingt, in der öffentlichen Diskussion deutlich zu machen, dass sie die ökologische Herausforderung an- und ernstnehmen und dass die von ihrer Tätigkeit ausgehenden Risiken gesellschaftlich akzeptabel sind, können sie sich öffentlicher Zustimmung sicher sein. (Dyllick 1989)

Die ökologische Herausforderung bedingt ein grundlegend verändertes Verständnis von Kommunikation. Unternehmer und Manager sind es kaum gewohnt mit der Öffentlichkeit offen zu kommunizieren. Ihre Entscheidungen sehen sie als ihre Privatsache an und nur höchst ungern lassen sie sich dazu bewegen, hierüber öffentlich Rechenschaft abzulegen. Kommunikation hat deshalb zumeist einen defensiven Charakter: Man informiert eigentlich nur dann öffentlich, wenn man sich aus irgendeinem Grund dazu gezwungen sieht. Dies ist im Kontext der ökologischen Problematik ein *völlig verkehrtes Verständnis von Kommunikation*. Wenn überhaupt, dann weckt dieser Kommunikationsstil Misstrauen, sicher kein Vertrauen. Soll Kommunikation jedoch Vertrauen wecken, dann muss sie auf einem völlig anderen Verständnis beruhen.

Als *Grundsatz ökologischer Kommunikation* lässt sich formulieren:

> Statt der bisherigen ängstlichen Frage
> **"Was darf man sagen?"**
> muss nach dem Grundsatz gehandelt werden
> **"Was muss man sagen?"**

Kommunikation wird damit zur unternehmerischen Aufgabe und zur *Pflicht*. Eine Anzahl zentraler *pragmatischer Prinzipien* sind hier zu betonen: (vgl. hierzu auch den Beitrag von v. Grebmer in diesem Band sowie Röglin/v. Grebmer 1988)

a) Ziel der Kommunikation ist die Erhaltung der *Glaubwürdigkeit* in der Öffentlichkeit. Glaubwürdigkeit bedingt aber eine deutlich erkennbare Übereinstimmung zwischen den Worten und den effektiven Taten der Unternehmung sowie ihrer Vertreter.

b) Kommunikation muss *persönlich* sein. Papier ist geduldig und kann kaum Vertrauen vermitteln. Nur Menschen können Vertrauen vermitteln. Worauf es ankommt ist das tatsächliche, konkret nachprüfbare und sichtbare Verhalten der Unternehmungsmitglieder.

c) Die *effektiv gestellten Fragen* beantworten. Statt des häufig dominierenden unternehmerischen Monologs, sind effektive Formen des Dialogs zu suchen und zu entwickeln, um nicht Fragen zu beantworten, die keiner stellt, während die tatsächlichen Fragen unbeantwortet bleiben.

d) Das *persönliche Vorbild* der obersten Führung zählt. Gleichzeitig ist es jedoch eine Illusion zu glauben, der Dialog könne von einer Stelle allein geführt werden. Vielmehr gilt: Je mehr Mitarbeiter in der Öffentlichkeit über die umweltrelevanten Aktivitäten der Unternehmung berichten können, desto wirkungsvoller und glaubwürdiger ist die Botschaft. Das heisst aber: Jeder Mitarbeiter ist ein *"Botschafter"* der Unternehmung.

e) Rückhaltlose *Offenheit* und *Transparenz* auch im Hinblick auf negative Aspekte. Die Wirklichkeit hat immer mindestens zwei Seiten: eine positive und eine negative. Die Voraussetzung der Akzeptanz des Positiven ist aber die zutreffende Darstellung des Negativen.

f) Nicht die *Entscheidungen vorwegnehmen* wollen. Kommunikation mit der Öffentlichkeit hat die relevanten Fakten transparent zu machen, ohne die Entscheidungen vorwegnehmen zu wollen. Wer den anderen Entscheidungen aufzwingen will wirkt manipulatorisch und verliert seine Glaubwürdigkeit.

g) Die Massenmedien sind die wichtigste *"Brücke" zur Öffentlichkeit*, die für die gesellschaftliche Kommunikation zur Verfügung steht, ob einem dies passt oder nicht. Dies verträgt sich schlecht mit der häufig zu machenden Erfahrung, dass die Medien als eigentliche "Feinde" gesehen werden, denen man Informationen möglichst vorenthält, oder denen man - schlimmer noch - die Wahrheit nur in kleinen Scheibchen und nur unter Druck herausgibt. Ehe man sich jedoch mit den modernen Medien einlässt, muss man seine Hausaufgaben gemacht haben. Die Fakten müssen präsent sein und möglichst gut belegt. Die Erkenntnis, dass die Vertreter der Medien häufig ihre eigenen Hausaufgaben auch nur unvollständig oder sogar schlecht machen, nützt nichts als Entschuldigung.

13. Gefordert: Unternehmertum für die Umwelt

Nicht nur die Bevölkerung, auch die Führungskräfte fühlen sich heute durch die drängenden ökologischen Probleme betroffen. Sie haben die Herausforderung erkannt. Ihre Bereitschaft zur offensiven Integration der Ökologie in die Unternehmungsführung ist gewachsen. Dies ist nicht mehr zu übersehen. Und es gibt auch gute Gründe hierfür, wie wir gesehen haben. Dass es sich noch um einen *langen Weg* handelt, bei dem sich viele erst ganz am Anfang eines langen Lern- und Entwicklungsprozesses befinden, das ist hingegen auch nicht zu übersehen. Auch bei ihnen klafft noch eine beträchtliche *Lücke zwischen der Einsicht und dem entschlossenen Handeln*. Dabei bedarf es zur effektiven Bewältigung der Probleme gerade ihres aktiven und ernst gemeinten Beitrags. Worin sind die *Aufgaben der obersten Führung* insbesondere zu sehen?

a) Unmissverständlich deutlich zu machen, dass Umweltschutz ein *Anliegen der obersten Führung* ist. Dies muss ernsthaft und auch persönlich durch die höchsten Verantwortungsträger deutlich gemacht werden, wenn es glaubwürdig sein soll.

b) Die notwendigen konkreten *Grundsätze und Richtlinien* für alle ökologisch relevanten Bereiche in der Unternehmung zu erlassen. Es darf nicht mit einer generell formulierten Absichtserklärung auf Leitbild-Ebene sein Bewenden haben, die das Gewissen beruhigt, aber nichts bewirkt.

c) Klare *Verantwortlichkeiten zuzuteilen* und insgesamt eine *geeignete Organisationsform* für die Umsetzung ökologischer Erkenntnisse in den unternehmerischen Alltag zu schaffen. Die ökologische Verantwortung kann nur effektiv von der Linie wahrgenommen werden. Fachleute oder Stäbe dienen der Linie als Unterstützung.

d) Ökologische Ziele in den *Projekt- und Bereichsplänen*, aber auch in den *persönlichen Zielen* der Kader und Mitarbeiter auszuweisen. Sie müssen in das bestehende Planungssystem integriert werden, damit sie zusammen mit den anderen Aspekten bedacht und berücksichtigt werden.

e) Ein *ökologisches Controllingsystem* aufzubauen, das zur Überwachung der Zielerreichung dient. Damit, dass Ziele aufgestellt werden, ist noch nicht gewährleistet, dass sie auch verfolgt und erreicht werden. Dies gilt für ökologische Ziele in gleichem Masse wie für rein ökonomische Ziele auch.

f) Ökologische Erkenntnisse und Themen in die betriebliche *Aus- und Weiterbildung* zu integrieren, damit die Überzeugungen als Teil der Unternehmungskultur an die neuen Mitarbeiter weitergegeben werden und die permanente Auseinandersetzung mit aktuellen ökologischen Themen sichergestellt wird.

Es ist abschliessend festzuhalten, dass es sich im Falle der Herausforderung durch die ökologische Problematik - kaum noch übersehbar - um eine echte *unternehmerische Aufgabe* handelt, an der sich die Innovationskraft der Unternehmungen erweisen *kann*, aber auch erweisen muss: Es steht ausser Frage, dass die Probleme zu ihrer effektiven Lösung des ganzen technologischen Know-Hows und der ganzen organisatorischen Expertise bedürfen, über die in unserer Gesellschaft die Unternehmungen alleine verfügen. Dies können weder die staatlichen Instanzen noch wissenschaftliche oder andere gesellschaftliche Institutionen alleine erreichen. Allerdings *muss* sich an dieser Aufgabe auch die Innovationskraft der Unternehmungen erweisen: Diejenigen, die es nicht schaffen, werden durch politische und wirtschaftliche Sanktionen zunehmend bestraft und im Wettbewerb zurückbleiben. Die Zukunft gehört nur denen, die sich auch in ökologischer Hinsicht als innovativ erweisen.

Integration der Ökologie in die Unternehmungsführung

Erfahrungen aus der Praxis einer Brauereigruppe

Paul J. Greineder

1. Die Firma Löwenbräu im Bier- und Getränkemarkt

Die Löwenbräu AG gehört zu den grössten deutschen Brauereien mit einem Umsatz von ca. 300 Mio. DM, inclusive der Tochtergesellschaften. Die Bierverkaufsmenge in der Bundesrepublik Deutschland beläuft sich auf ca. 1,1 Mio. hl. 300 000 hl werden weltweit exportiert. Die Unternehmung hat eine zentrale Braustätte in München sowie eine Brauerei in Griechenland. Zusammen mit den Umsätzen aus 12 Lizenzländern gehört die Löwenbräu zu den grössten deutschen Biermarken in der Welt.

Seit zwei Jahren produziert und vertreibt die Löwenbräu-Gruppe Mineralwasser aus den Staatlichen Mineralbrunnen Bad Brückenau und der Siegsdorfer Petrusquelle, vorwiegend im Freistaat Bayern. Zur Unternehmungsgruppe gehört auch noch die Würzburger Hofbräu, eine Brauerei-Unternehmung mit ca. 40 Mio. DM Umsatz. Die Löwenbräu AG wie auch die Würzburger Hofbräu sind mehrheitlich im Eigentum der Münchner Familie August von Finck. Ökologische Probleme ergeben sich ganz besonders durch den derzeitigen Standort der Brauerei in der Münchner Innenstadt.

2. Gründe für das ökologische Engagement

Warum sollen überhaupt ökologische Aspekte in die Praxis der Unternehmungsführung integriert werden? Die wesentlichen Gründe hierfür sind aus unserer Sicht die folgenden:

a) Es ist mittlerweile wohl Allgemeingut, dass es ohne umweltbewusst handelnde Unternehmungen auf Dauer kein Überleben auf dem Planeten Erde gibt. Das "Prinzip Verantwortung" muss deshalb zu einer unternehmerischen Leitlinie werden, um die Erde auch für kommende Generationen zu erhalten. Als Vertreter des Bier- und Getränkegeschäfts bedeutet die zunehmende Zerstörung natürlicher Ressourcen und der Umwelt zugleich eine Gefährdung unserer eigenen Produktionsgrundlagen. Reine Gerste, reinstes Brauwasser, reinstes Mineralwasser, unbelasteter natürlicher Hopfen, Gerste, Weizen und natürliche Hefe stellen letztendlich unser Kapital dar. Umweltschutz liegt somit im ureigensten unternehmerischen Interesse unseres Hauses zur *langfristigen Sicherung des Geschäfts*.

b) Die verschärfte *Umweltgesetzgebung* zwingt Unternehmungen zunehmend nicht nur wegen verschärften Auflagen und erhöhter Abgaben- und Steuerlasten, sondern auch aus haftungsrechtlichen Gründen zu einem unweltkonformen Verhalten. So klassifiziert das geplante zweite Gesetz zur Bekämpfung der Umweltkriminalität bestimmte Aufsichtsverletzungen in der betrieblichen Praxis als einen Straftatbestand. Die verschuldensunabhängige Gefährdungshaftung im Rahmen eines Umwelthaftungsrechts schwebt darüber hinaus wie ein Damoklesschwert über der deutschen

Wirtschaft. Es liegt zwar bisher noch kein konkreter Entwurf vor, jedoch ein Grundlagenpapier einer interministeriellen Arbeitsgruppe des Bundesjustizministeriums und des Bundesumweltministeriums. International ist eine ähnliche Entwicklung zu beobachten.

Es ist mit der Möglichkeit zu rechnen, dass noch in dieser Legislaturplanungsperiode der Umweltschutz als Staatsziel in das Grundgesetz aufgenommen wird. Auch ist auf eine verschärfte Abwasserabgabenregelung und auf die künftige Technische Anleitung "Abfall" hinzuweisen, um einige der gesetzlichen Rahmenbedingungen anzusprechen, die uns als Brauereibetrieb direkt betreffen. Ungeachtet dieser Bemühungen des Staates sei jedoch auch auf die Lobby verschiedener Interessengruppen verwiesen, darunter Industrie und Handel, die es versteht notwendige Massnahmen zeitlich - manchmal erheblich - hinauszuzögern. Ich denke hier konkret z.B. an die Pfandgesetzgebung.

c) Eine integrierte Umwelttechnologie bietet nicht nur die Möglichkeit durch Vermeidung zukünftiger Umweltbelastungen Kosten zu sparen, sondern ermöglicht es oftmals auch eine Position der technologischen Führerschaft aufzubauen. Insofern dient Umweltschutz auch dem *betrieblichen Innovationsmanagement.*

Hierzu ein Beispiel aus unserem Hause: Wir haben kürzlich unser Sudhaus völlig umgestaltet und uns durch die Installation modernster Anlagen einen grossen technologischen Vorsprung gegenüber der Konkurrenz schaffen können. Durch die Inbetriebnahme eines Energie-Rückgewinnungssystems wurde z.B. eine Primärenergie-Einsparung von ca. 43% erzielt, wir vermeiden die Schwadenbildung über die Abluft, erzielen durch Druckkochung bessere Ausbeuten und sparen dazu noch Löhne und Abwicklungszeiten. Die beträchtlichen Investitionskosten können dank dieser Einsparungen innerhalb von weniger als 5 Jahren wieder verdient werden.

d) Langfristig kann keine Unternehmung ohne öffentlichen Konsens leben, trägt dieser doch dazu bei, den Markterfolg zu sichern. Die konsequente umweltgerechte Führung einer Unternehmung hilft ihre *öffentliche Glaubwürdigkeit* erheblich zu steigern. Dies ist gerade auf solchen Märkten wie dem Biermarkt dringend erforderlich, die durch einen harten Verdrängungswettbewerb gekennzeichnet sind. Gemäss einer Untersuchung der Apitz Image und Strategie GmbH zum Thema "Umweltbewusstsein von deutschen Nachwuchsmanagern" aus dem Jahre 1989 wird den Sprechern von Industrieunternehmungen nämlich lediglich eine Glaubwürdigkeit von sechs Prozent bescheinigt. Dies sollte uns nicht nur zu denken geben, sondern muss uns zum Handeln veranlassen.

Es kann auch nicht übersehen werden, dass die Mitarbeiter ein Teil der Öffentlichkeit sind. Eine unternehmerische Entscheidung für den Umweltschutz bietet bestehenden, aber auch zukünftigen - vor allem jungen - Mitarbeitern eine Möglichkeit, sich mit der Unternehmung zu identifizieren. In einer Situation, in der es schwierig wird qualifiziertes Personal zu rekrutieren, ist dies ein nicht zu vernachlässigender Faktor.

3. Integration der Ökologie auf der Ebene der Unternehmungspolitik

Es sollen hier zunächst eine Anzahl allgemeiner Anforderungen an die Integration der Ökologie in die Unternehmungsführung formuliert werden, ehe auf die konkreten praktischen Erfahrungen in unserer Unternehmung eingegangen wird.

a) Die Integration der Ökologie in die Unternehmungsführung kann nur heissen, dass Umweltschutz in sämtlichen Bereichen beachtet und auf allen Planungsstufen *von vornherein* miteinbezogen wird.

b) Die Integration der Ökologie setzt auch eine *andere Denkweise* in der Unternehmung voraus. Das hierfür verlangte Denken in Systemen und Kreisläufen verlangt eine neue Dynamik. In einer aus historischen Gründen stark strukturierten Unternehmung wie der Löwenbräu steht der vorherrschende Abteilungsegoismus einer solchen Denkweise häufig im Wege. Alle Mitarbeiter müssen deshalb stärker als bisher in die umweltorientierte Politik der Unternehmung miteinbezogen werden.

c) Die Integration der Ökologie verlangt schliesslich aber auch von allen Mitarbeitern die Einsicht, dass wir es mit dem *ganzen Produktlebenszyklus* zu tun haben. Die ökologische Unbedenklichkeit der von uns hergestellten Produkte verlangt, mit anderen Worten, auch die Einbeziehung der Rohstoffgewinnung, der Produkteverwendung und der Entsorgung.

Anschliessend an diese allgemeinen Anforderungen sollen nun unsere praktischen Erfahrungen bei der Integration der Ökologie in die Unternehmungsführung geschildert werden. Während in Anlehnung an die Vorgehensweise bei der Unternehmungsplanung hier zunächst die Fragen einer ökologiebezogenen Bestandsaufnahme, der Unternehmungsgrundsätze und Unternehmungsziele behandelt werden sollen, werden dann anschliessend die operativen Fragen der Bereichsplanung betreffend Einkauf, Produktion, Verpackung, Öffentlichkeitsarbeit sowie Vertrieb und Logistik vertieft ausgeleuchtet.

3.1 Ökologiebezogene Bestandsaufnahme

In der Theorie wird gefordert, mit einer Ermittlung der ökologiebezogenen Stärken und Schächen sowie der Chancen und Risiken für die zukünftige unternehmerische Tätigkeit zu beginnen. Hierzu muss ich festhalten, dass das Thema Umweltschutz für die Löwenbräu AG noch relativ neu ist und wir eine solche genaue Analyse für die Gesamtunternehmung noch nicht durchgeführt haben. Dies ist bei der Würzburger Hofbräu oder bei unserem Musterbetrieb, dem Staatlichen Mineralbrunnen Bad Brückenau, bereits anders. Bei der Löwenbräu versucht derzeit noch jeder Bereich, sei es die Produktion, die Logistik oder unsere Löwenbräu Consulting Gesellschaft, die im Bereich Brauerei- und Anlagenbau Dienstleistungen erbringt, die Auswirkungen von Umweltschutzüberlegungen auf die Unternehmung bzw. den eigenen Teilbereich zu ermitteln. Die Bereichsleiter unterbreiten dann ihre Vorschläge. So existiert z.B. für die geplante Brauereiverlegung vor die Tore Münchens bereits eine Darstellung möglicher Umweltvorteile, die sich durch den Einsatz neuer Technologien im Hinblick auf eine Verminderung des Abfallaufkommens, die Verwertung von Brauerei-Nebenprodukten, den Minderverbrauch von Reinigungsmitteln, durch Biogasanlagen und Blockkraftwerke erzielen lassen. Unser Ziel ist hier der immissionsfreie Brauereibetrieb.

3.2 Unternehmungsgrundsätze

Die Unternehmungsgrundsätze beinhalten allgemeine Überzeugungen und Grundwerte der Unternehmung und bilden den Rahmen für die Unternehmungsziele. Unter Umweltgesichtspunkten müssen diese Grundsätze meiner Meinung nach ergänzt werden, damit sie auch die Wahrnehmung einer gesellschaftspolitischen und umweltpolitischen Verantwortung erlauben. Hierbei ist vor allem zu erwähnen, der bewusste Umgang mit ntäurlichen Ressourcen, die Entwicklung umweltbezogener Problemlösungen, der Einsatz umweltfreundlicher Materialien oder das Angebot neuer Produkte und Dienstleistungen. Bei der Löwenbräu wird gegenwärtig an solchen Unternehmungsgrundsätzen gearbeitet.

3.3 Unternehmungsziele

Umweltschutz muss als unternehmerische Chance begriffen werden und die Unternehmung sollte versuchen, allgemeine und konkrete Umweltschutzziele mit ihren Markt- und Ertragszielen in Einklang zu bringen. Angestrebt wird somit eine Zielharmonie.

Der Löwenbräu ist dies im Fall des erwähnten Sudhausumbaus gelungen. Eine verbesserte Produktionstechnik geht einher mit einem Mehr an Umweltschutz. Doch ist dies sicher nicht immer möglich. Zielkonflikte sind - zumindest kurzfristig - nicht zu vermeiden. So verwenden wir z.B. aus Wettbewerbsgründen im Verpackungsbereich weiterhin Schwer- und Leichtmetalle, die ausgesprochen energieintensiv sind. Oder ein anderes Beispiel: Unter Umweltgesichtspunkten sind Dosenverpackungen abzulehnen. Der Markt, insbesondere der ausländische Markt, verlangt jedoch die Belieferung mit Dosenbier. Sollen wir dieses Feld völlig unseren Wettbewerbern überlassen? Wir führen hierüber intern laufend Diskussionen und können uns sehr wohl vorstellen, im Falle der Einführung eines Zwangspfandes, auf die Herstellung von Dosenbier für den Inlandmarkt zu verzichten.

4. Ökologische Massnahmen auf operativer Ebene

In der Literatur ist vielfach von innovativen, offensiven und von defensiven umweltbezogenen Strategien die Rede. Die Festlegung solcher Strategien fällt vielleicht in einer kleineren Unternehmung, wie dies die Würzburger Hofbräu oder die Mineralbrunnengesellschaften bei uns darstellen, leichter. In einer grossen Unternehmung wie der Löwenbräu mit ca. 800 Mitarbeitern ist eine konsequente umweltbezogene Strategiefestlegung schwieriger. Ein wichtiger Grund hierfür ist, neben der internationalen Marktbearbeitung, die Motivation und entsprechende Weiterbildung des Personals. Wir versuchen deshalb nicht den grossen Strategiewurf zu landen, sondern sind vielmehr daran, Umweltaspekte Schritt für Schritt und von Bereich zu Bereich, in die aktuellen und zukünftigen Massnahmen zu integrieren. Hier sollen nun einige konkrete Beispiele aus verschiedenen operativen Bereichen dargestellt werden.

4.1 Materialeinkauf

Schon seit Jahren achtet die Löwenbräu auf die Schadstofffreiheit aller ihrer Rohstoffe. So wird sowohl beim Hopfen als auch beim Malz u.a. auf den Nachweis der Spritzmittel- bzw. Pestizidfreiheit und die Freiheit von Nitraten bestanden. Dies wird von unserer Qualitätskontrolle mittels spezieller Extraktionsverfahren ständig überprüft. Wir waren lange die einzige Brauereiunternehmung in Deutschland, die jede Hopfenprobe auf Spritzmittel untersucht hat. Gerade hier, beim Rohstoffeinkauf zeigt sich, wie stark der Stand von Forschung und Analysetechnik, aber auch die Gesetzgebung die unternehmerische Einkaufspolitik und die Einkaufsbedingungen beeinflussen: So waren

Spritzmittelrückstände bis vor zehn Jahren noch überhaupt nicht messbar.

Der Ruf einer Brauerei hängt naturgemäss stark von der Qualität des verwendeten Brauwassers ab. Wir sind glücklich sagen zu können, dass unsere Münchner Brauereien noch über reinstes Brauwasser aus eigenen Tiefbrunnen verfügen, dessen Qualität durch ständige Proben geprüft wird. Was machen aber Betriebe in landwirtschaftlichen Problemzonen, wie z.B. in Unterfranken, die extrem hohe Nitratzahlen aufweisen? Hier hilft nur die Aufbereitungstechnik zur Gewinnung von einwandfreiem Wasser. Doch kann nicht übersehen werden, dass wir damit das Pferd von hinten aufzäumen. Eigentlich wäre es die Aufgabe der Land- und Weinwirtschaft die Böden erst gar nicht so stark zu belasten. Darüber hinaus wird der Katalog wassergefährdender Stoffe ständig erweitert. Die oft laienhaften Diskussionen über Grenzwerte und Wasserbelastungen in der Öffentlichkeit und der Presse tragen leider nicht zu einer Versachlichung der Problematik bei.

4.2 Produktion

Im Produktionsbereich haben wir in den letzten Jahren entscheidende umweltrelevante Investitionen getätigt. Ohne auf die technischen Details einzugehen, möchte ich aufzeigen, was wir im Hinblick auf Energieeinsparung, Reduktion von Abwässern, Abluft, Lärm und Lagerung gefährlicher Stoffe bis heute bei der Löwenbräu erreicht haben:

a) Ich möchte noch einmal auf die bereits erwähnte Umgestaltung unseres Sudhauses zu sprechen kommen. Hier haben wir ein *Energie-Rückgewinnungssystem* installiert, durch das mit Hilfe eines sogenannten "Pfannendunstkondensators" die Energie der Kochschwaden zurückgewonnen und anderen Energieverbrauchern zugeführt wird. Vorher wurde nur die Wärme der heissen

Kochwürze als Heizenergie für den gesamten Bedarf an Brauwasser genutzt. Darüberhinaus konnten dadurch auch die Abgase entscheidend verringert werden. Insgesamt bedingte diese Innovation die Anschaffung von zwei neuen Kesseln für die Dampfversorgung, zwei neuen Läuterbottichen und die Automation des gesamten Sudhausbereichs. Alles zusammen war immerhin eine Investition in Höhe von mehr als 15 Mio. DM nötig. Durch die Energierückgewinnung können nun aber rund 43% des Primärenergieverbrauchs eingespart werden, der bisher für die Würzebereitung erforderlich war. Der Energiebilanz unseres Produktionsleiters zufolge entspricht dies einer Einsparung von 8 Mrd. Kilokalorien oder 1,1 Mio. m³ Erdgas. Hierdurch lassen sich die Investitionskosten innerhalb von weniger als 5 Jahren wieder einsparen.

Bereits im Jahr 1974 haben wir auf Erdgas umgestellt. 1988 haben wir dann die veralteten Kohle/Öl-Kessel gegen modernste abgasreduzierte Kesselanlagen eingetauscht. Dabei - und das soll nicht verschwiegen werden - holen uns immer wieder die Sünden der Vergangenheit ein: Die alten Kessel waren mit Asbest isoliert, dessen schädliche Auswirkungen bei der Beseitigung auch bekannt sind.

b) Zur Reduktion unserer Abwässer setzen wir Rückkühlwerke ein und nutzen die eigenen Brunnenwässer mehrfach. Bereits 1976 haben wir - lange Jahre als erste Münchner Brauerei - vier *Abwasserneutralisationsanlagen* installiert, durch die die Abwässer schadstoffarm und temperaturbegrenzt in den städtischen Abwasserkanal eingeleitet werden können. Daneben habe ich eine Untersuchung unseres Kanalnetzes in Auftrag gegeben, um Risse, Lecks und Undichtigkeiten feststellen zu können. Ich glaube, dass sich in vielen Städten hier noch manche Umweltkatastrophe zusammenbraut.

c) Zur Reinigung der Abluft wurden *Entstaubungsanlagen* für Malzsilos und Schrotereien ins Sudhaus eingebaut, die eine vollständige Entstaubung der Anlagen ermöglichten.

d) Alle gefährlichen Arbeitsstoffe werden bei der Löwenbräu gemäss den Vorschriften der *Störfallverordnung* gelagert. Bei uns wird z.B. in grossen Mengen Ammoniak gelagert, den wir zur Kühlung brauchen. Um die Möglichkeit einer Freisetzung dieses Stoffes möglichst gering zu halten, haben wir nach eingehendem TÜV-Gutachten eine Blockabschaltung an den Kälteanlagen angebracht.

4.3 Verpackung

Die Verpackungsflut ist ein weiteres aktuelles und dringliches Umweltthema. Sie betrifft die Getränkeindustrie in besonderem Masse. Löwenbräu verwendet in ganz überwiegendem Masse rezyklierbare Materialien: 90% unseres Umsatzes machen wir mit Glasverpackungen, wovon wiederum 95% Mehrwegflaschen sind, und mit Fässern und nur 10% mit Dosen. Unsere Flaschen werden zu 70 Prozent aus Altglas gefertigt. Wir verwenden darüber hinaus Kunststoffkästen, die aus recyclingfähigem Kunststoffmaterial gefertigt werden. Beim Druck unserer Etiketten verwenden wir nur schwermetallfreie Druckfarben. Für die Dosen nehmen wir heute ausschliesslich Rein-Alu, das voll recyclingfähig ist. Es wäre für uns preiswerter Stahldosen mit Alu-Deckel einzusetzen. Dadurch aber, dass hierfür zwei unterschiedliche Metalle verwendet werden, könnten diese Verpackungen nicht mehr voll rezykliert werden. Dennoch muss auch hier auf den hohen Energieverbrauch bei der Aluminiumgewinnung verwiesen werden, der negativ zu Buche schlägt. Sämtliche gebrauchten Kunststoffverpackungen werden von uns gereinigt, verpresst und dem Recycling zugeführt.

Die Integration ökologischer Aspekte ist keineswegs immer problemlos: Zu schaffen machen uns z.B. Unsicherheiten und Unklarheiten in der Gesetzgebung, die oft auf einem Defizit an Informationen beruhen. Ein Beispiel soll diese Problematik verdeutlichen: In der neuen Technischen Anleitung "Abfall" ist eine neue Klassifikation von zu entsorgenden Abfällen vorgesehen. Für die derart klassifizierten Abfälle sind jedoch noch keine ausreichenden Entsorgungskapazitäten oder Methoden vorhanden, z.B. bei Kieselgur, Hefe, Treber und Malzstaub. Diese werden auch in den nächsten Jahren nicht oder nur teilweise erstellt werden können. Bis dahin kann also gar nicht wie verlangt entsorgt werden.

Etwas muss in diesem Zusammenhang auch angesprochen werden: Informationslücken und Unsicherheiten über zukünftige gesetzliche Regelungen verhindern oftmals, dass die notwendigen Investitionen rechtzeitig getätigt werden. Gerade im Falle neuer produktionstechnischer Anlagen werden grosse finanzielle Mittel gebunden. Und hier wird es sich jeder Investor dreimal überlegen, ob er heute bereits in neue Anlagen investiert oder ob er noch zuwartet, bis eine ausstehende gesetzliche Regelung erfolgt ist.

4.4 Vertrieb und Logistik

Im Bereich Vertrieb und Logistik lassen sich eine ganze Anzahl konkreter Massnahmen aufführen. Wir kaufen ausschliesslich Fahrzeuge, die mit Katalysatoren ausgestattet sind und bleifrei fahren können. Wir versuchen, unsere Belieferungsrouten zu optimieren, was uns betriebswirtschaftlich gesehen Kosten spart und gleichzeitig der Umwelt zugute kommt. Wir haben alle herkömmlichen Bremsbeläge an Fahrzeugen gegen asbestfreie Beläge ausgetauscht.

Wir haben lärmarme Lkw's gekauft, sogenannte "Flüster-Lkw's", um die Lärmbelastung weiter abzusenken und werden Zug um Zug den Fuhrpark auf solche Fahrzeuge umstellen. Ausserdem haben wir die Salzstreuung im Betrieb eingestellt.

4.5 Öffentlichkeitsarbeit

Es genügt unserer Meinung nach nicht, ökologisch Gutes zu tun. Es muss auch darüber geredet werden. Wir beginnen hiermit erst langsam. So war die Löwenbräu-Gruppe offizieller Sponsor der Vogelschutzaktion "Save the Birds" und finanziert die Einrichtung von Biotopen. Darüberhinaus bin ich selbst Mitglied im Board des "International Council for Bird Preservation" und im Kuratorium des Nationalparks Bayerischer Wald.

Im grossen und ganzen sind wir aber immer noch eher zurückhaltend was unser Auftreten in der Öffentlichkeit betrifft. Die "Lebensmittel-Zeitung" hat hier auch kürzlich angemerkt, dass Löwenbräu umweltorientierte Imagewerbung erst ansatzweise betreibe. So wird es nicht bleiben. Gerade in traditionellen Betrieben, bei denen sich Denkhaltungen nicht von heute auf morgen verändern lassen, müssen wir jedoch erst einmal das eigene Haus in Ordnung bringen, bevor wir mit einem ganzheitlichen ökologischen Konzept nach aussen treten. Bei unseren zwei Brunnenbetrieben, die von Grund auf nach den Umwelterfordernissen konzipiert worden sind, ist dies etwas anderes.

5. Ökologische Massnahmen im Bereich Führung und Organisation

Eine Unternehmung lässt sich nur dann ökologiekonform führen, wenn das entsprechende Know-How intern vorhanden ist, ein geeignetes Berichtswesen quantitative Entscheidungsgrundlagen liefert und organisatorische Voraussetzungen vorhanden sind, die es erlauben, Umweltbelange zu erfassen und durchzusetzen. In den Bereichen Personal, Controlling und Organisation besteht meiner Meinung nach bei Löwenbräu noch ein erheblicher Nachholbedarf. Es ist zu vermuten, dass dies bei vielen anderen Unternehmungen ähnlich aussieht.

a) Was das Personal anbelangt, fehlt es an entsprechend qualifizierten *Mitarbeitern*. Wir wollen mit einer Umweltorganisation zusammenarbeiten oder einen Umweltberater einstellen, der sich um die ökologischen Belange unserer Gruppe kümmert. Abteilungsbezogen werden zwar entsprechende Literatur und Zeitschriften zur Weiterbildung angeboten, ein speziell ausgerichtetes "Bildungsprogramm Umweltschutz" wird unseren Mitarbeitern jedoch noch nicht angeboten. Auch dies soll in Zukunft angeboten werden.

b) Mit der *quantitativen Erfassung* von Umwelteinträgen, Umweltkosten und umweltbedingten Einsparungen tun wir uns ebenfalls nicht leicht. Wir erstellen heute Energiebilanzen, die uns einen ersten Überblick über die quantitativen Einsparungen liefern. Darüber hinaus werden wir oft angefragt, wie hoch der Anteil unserer Umweltschutzinvestitionen ist. Hierzu ist zu sagen, dass es uns immer sehr schwer fällt, im Hinblick auf anstehende oder getätigte Investitionen den Anteil zu berechnen, der als umweltschutzbedingt eingestuft werden kann. Wir schätzen, dass bis zu 40% der im Brauwesen getätigten Investitionen heute Umweltinvestitionen sind, die vorwiegend auf zunehmend strafferen Verordnungen beruhen.

c) Was die *Organisation* anbelangt, so werden wir zukünftig in Form von Teams oder Projektgruppen umweltbezogene Fragestellungen gemeinsam diskutieren und erarbeiten. Das bedingt in vielen Fällen ein abteilungsübergreifendes Denken, was erst noch gelernt werden muss. Wir sind aber dabei, innerhalb der einzelnen Bereiche Anreize dafür zu schaffen, dass jeder Mitarbeiter vermehrt Verbesserungsvorschläge für den Umweltschutz oder für verstärkte Material- und Energieeinsparungen vorbringt.

d) Ganz allgemein gilt, dass Umweltschutz *Chefsache* ist. Umweltbewusste Unternehmungsführung verlangt immer ein eindeutiges Bekenntnis zum Schutz der Umwelt, angefangen vom Vorstand, über die Bereichsleiter bis zu den Abteilungsleitern. Und er bedarf darüber hinaus einer laufenden Aktualisierung.

6. Die Verwirklichung ökologischer Gesamtkonzepte am Beispiel der Löwenbräu-eigenen Mineralbrunnen und der Würzburger Hofbräu

Die Integration der Ökologie in die Unternehmungsführung setzt ein ganzheitliches Denken in Kreisläufen voraus. Ein solches verändertes Denken lässt sich naturgemäss besonders gut bei Unternehmungen und Projekten verwirklichen, die neu konzipiert werden können. Diese Chance haben wir bei den Löwenbräu-eigenen Mineralbrunnengesellschaften und bei der Würzburger Hofbräu wahrgenommen.

6.1 Ökologische Gesamtkonzepte bei den Mineralbrunnen

Im September 1990 wird die von der Löwenbräu neu erworbene "Staatliche Mineralbrunnengesellschaft Bad Brückenau" offiziell in Betrieb genommen. Bereits bei der Erstellung des Unternehmungskonzeptes wurde versucht, auf sämtlichen Ebenen ökologische Aspekte miteinzubeziehen. In der Unternehmungsphilosophie wurde festgeschrieben, dass wirtschaftliches Handeln und die Existenz der Unternehmung nur in Übereinstimmung mit der

Umwelt möglich ist. Ziel des erstellten Neubaus war es unter anderem, eine vollständige Integration in den gesamten Kurbetrieb im dortigen Sinntal zu erreichen. Dies erfolgte sowohl im Hinblick auf die architektonische Gestaltung der gesamten Anlage als auch im Hinblick auf den Anspruch, einen "ökologischen Abfüllbetrieb" zu errichten, also die gesamte Unternehmung dem Primat der Ökologie zu unterwerfen. Konkret ist folgendes verwirklicht worden:

a) Es werden nur Mehrwegflaschen abgefüllt, die mit einem umweltfreundlichen Verschlusssystem versehen sind. Anstelle von Plastikverschlüssen mit Sprengringen haben wir ein Papiersicherungssystem entwickelt. Bei sämtlichen verwendeten Materialien (Etikettenfarben, Papiere und Leime) sind jeweils die umweltverträglichsten Varianten gewählt worden. Damit die erforderliche Reinigung der Mehrwegflaschen nicht zu einer verstärkten Abwasserbelastung führt, haben wir ein spezielles Chemikalienkonzept entwickelt. Die zum Reinigen der Flaschen erforderliche Lauge kann damit fast unbegrenzt genutzt werden, an Stelle eines wöchentlichen oder monatlichen Austauschs. Das Waschwasser wird hierbei durch ultraviolette Strahlung statt durch Chemikalien neutralisiert. Alkalisches Abwasser, das dennoch anfällt, wird mittels Kohlensäure neutralisiert.

b) Um den Einsatz von Primärenergie auf ein Mindestmass zu begrenzen, sind entsprechende bauliche Massnahmen durchgeführt und neue Maschinen installiert worden. Diese vermindern den Strombedarf deutlich. Darüber hinaus wurde eine Eigenstromanlage mit Gasmotoren installiert, die den Strombedarf zu ca. 80% deckt. Die Besonderheit der Gasmotoren liegt darin, dass wir aus den Abgasen die Kohlensäure herausnehmen, verflüssigen und zur Neutralisation der Lauge in der Flaschenwaschmaschine nutzen.

c) Damit die Produktion möglichst lärmarm ist und den übrigen Kurbetrieb nicht stört, haben wir lärmarme Füllereimaschinen und Flaschentransporteure angeschafft. Sämtliche Wände und Decken sind aus lärmschluckenden Materialien konstruiert. Besonders laute Maschinen sind noch einmal extra verkapselt worden. Sämtliche lärmschützenden Massnahmen werden auch beim Fuhrpark berücksichtigt.

d) Über diese überwiegend technischen Massnahmen hinaus, nehmen wir am Versuch des Umweltbundesamtes teil, neben der üblichen Bilanz auch eine Öko-Bilanz zu erstellen, um unsere ökologischen Fortschritte zu erfassen und zu dokumentieren.

Diese und viele andere Detailmassnahmen haben zu erheblichen Mehrkosten in Höhe von ca. 25% im Vergleich zu einer herkömmlichen Bauweise geführt. Wir hoffen, dass der Verbraucher die ökologisch überlegene Qualität des Mineral- und Heilwassers über einen entsprechend höheren Preis auch honoriert. Mit diesem ganzheitlich ausgelegten ökologischen Unternehmungskonzept wollen wir jedoch auch unter Beweis stellen, dass ökonomische und ökologische Interessen sehr wohl miteinander vereinbart werden können.

Auch bei unserer zweiten Mineralbrunnengesellschaft, der Siegsdorfer Mineralbrunnengesellschaft, versuchen wir dem ganzheitlichen ökologischen Anspruch gerecht zu werden und sind daran, die Gesellschaft entsprechend umzugestalten.

6.2 Integration der Ökologie bei der Würzburger Hofbräu

Ein weiteres Beispiel für die Integration der Ökologie in das Unternehmungskonzept ist die Würzburger Hofbräu. Diese Unternehmung gehört auch zum Interessenbereich von Löwenbräu.

Für die Würzburger Hofbräu wurde unter Mithilfe eines externen Beraters ein ökologisches Grundkonzept entwickelt. Ihre ökologische Ausrichtung ist bereits in der Unternehmungsphilosophie verankert. Im Rahmen ihres Engagements für Mehrwegsysteme konnte ohne grosse Absatzeinbussen die Produktion von Dosenbier eingestellt werden. Weiterhin fördert die Würzburger Hofbräu den ökologishen Landbau durch Ausschreibung eines Förderpreises "Ökologischer Landbau", der erstmalig im Oktober 1987 verliehen worden ist. Dieses Jahr stiftet sie einen mit 20.000 DM dotierten Preis für Wissenschaftler und Praktiker, die sich um den ökologischen Landbau verdient gemacht haben. Gemeinsam mit der Neumarkter Lammsbräu finanziert die Würzburger Hofbräu einen Agraringenieur, der Landwirte in bezug auf den ökologischen Landbau berät. In Würzburg wird heute bereits eine erst eigene Biersorte gebraut auf der Grundlage von Rohstoffen aus kontrolliertem ökologischen Landbau. Mit einer Reihe von Brauereien wurde für die Beschaffung von Braugerste eine Erzeugergemeinschaft gebildet. Im Dezember 1989 veröffentlichte sie Grundsätze für das Brauen von Bieren mit Rohstoffen aus kontrolliertem Landbau.

Die Würzburger Hofbräu hat darüber hinaus das Buch "Rettet die Vogelwelt" im Rahmen der Weltaktion "Save the birds" gesponsort, und ist Mitglied des Bundesdeutschen Arbeitskreises für umweltbewusstes Management (B.A.U.M.).

7. Lehren für die Zukunft von Löwenbräu

Integration der Ökologie in die Unternehmungsführung heisst schliesslich auch für die Zukunft planen. Dabei kommt es ganz wesentlich darauf an, dass die Aktivitäten langfristig angelegt sind und ökologische Aspekte Teil der Unternehmungsentwicklung werden. Was also plant Löwenbräu für die Zukunft und inwiefern werden ökologische Belange dort berücksichtigt?

Wir planen unseren Produktionsstandort aus München hinaus zu verlagern, um dann unter Ausschöpfung aller heute bekannten Möglichkeiten einen umweltschonenden und energiesparenden Betrieb zu errichten. Unser Grundgedanke wird hier in Anlehnung an die Konzeption der beiden Mineralbrunnen auch die ganzheitliche ökologische Orientierung sein. Unser Motto ist hier: "Dank modernster Technologie ein Mehr an Umweltschutz". Eine ganze Reihe konkreter Massnahmen wird hier geprüft.

a) Wir untersuchen zur Zeit, ob wir durch Biogaserzeugung aus eiweisshaltigen Brauerei-Nebenprodukten wie Malzabrieb, Malz/Hopfentreber, Heisstrub, Kühltrub und Überschusshefe Primärenergie in der Höhe von 20 - 25% einsparen können. Diese Abfallprodukte sind bisher als Futtermittel weiterverkauft worden, was aufgrund einer zunehmenden Übersättigung des Marktes jedoch immer schwerer wird.

b) Durch die Errichtung geschlossener Anstell- und Gärsysteme wollen wir die Reinigungsvorgänge automatisieren und durch spezielle Neutralisationsverfahren der Reinigungslaugen eine Reduktion der anfallenden Abwassermengen erreichen.

c) Durch weiter ausgebaute Energierückgewinnungssysteme - im Vordergrund steht hier die vermehrte Ausnutzung von Schwadenenergie, die ansonsten ungenutzt die Brauerei verlässt - kann ebenfalls der Verbrauch von Primärenergie weiter eingeschränkt werden.

d) Durch bauliche Massnahmen und lärmreduzierte Anlagen im Bereich der Flaschen- und Keg-Abfüllung wird die Lärmentstehung erheblich gesenkt werden. Auch durch eine zentralisierte und überdachte Verladung kann die Lärmbelastung der Umgebung weiter reduziert werden. Bisher haben wir noch mehrere nicht überdachte Verladestellen.

e) Entstehende Abfälle aus dem Abfüllbereich (Scherben, Aletiketten, defekte Dosen etc.) sollen separat erfasst und direkt recycliert werden.

Die heutige, integrierte Technologie, insbesondere die Computerisierung der Produktion, bringt diesbezüglich nicht nur Vorteile für die Umwelt, sondern sie rechnet sich langfristig auch in betriebswirtschaftlicher Sicht. Dies ist ein sehr wichtiger Punkt, wenn es um die Bereitstellung der nötigen finanziellen Mittel geht. Die Errichtung einer neuen, in ihrem ganzen Ablauf transparenteren Produktionsstätte wird es in Zukunft wesentlich erleichtern, ökologische Probleme überhaupt zu erkennen. Auch Lösungen können dadurch systematischer und schneller gefunden werden. Die vermehrten finanziellen Belastungen müssen dann aber wieder erwirtschaftet werden. Umsonst ist bei uns nichts.

Dies dürfte genügend deutlich machen, in welche Richtung unsere Massnehmen gehen. Um unserem Anspruch einen "ökologischen Betrieb" zu errichten auch gerecht zu werden, müssen zudem Verbesserungen kontinuierlich weitergeführt werden. Wir planen auch vermehrt an die Öffentlichkeit zu treten und wollen durch Fernsehbeiträge aber auch durch die Vergabe eines Umweltpreises auf unsere Bemühungen stärker aufmerksam machen.

Umweltmanagement in der Migros: Von konkreten Vorgaben und Zielen zu Resultaten

Wolfgang Brokatzky

1. Die Migros und ihre ökologische Grundhaltung

Ist unser Ökosystem wirklich überfordert? Sind die Forderungen ökologischer Gruppierungen nicht masslos übertrieben? Und selbst wenn es so überfordert ist: Was kümmert das uns als Unternehmer, Einzelhändler oder Warengrossverteiler? Ist es nicht die Aufgabe der Politiker dafür zu sorgen, dass die ökologischen Probleme gelöst werden? Wir sind vielmehr für steigende Umsätze und Gewinne zuständig. Schliesslich gilt ja nach wie vor, dass Manager an finanziellen Resultaten gemessen werden und nicht an der Menge eingesparter Umweltgüter.

Diese Denkweise entspricht nicht mehr dem Zeitgeist, denn Luft, Boden und Gewässer sind erheblich belastet und gefährden unserer aller Zukunft in hohem Masse. Breite Bevölkerungskreise sind heute für die Umweltprobleme sensibilisiert. Gemäss verschiedenen Umfragen ist Umweltschutz für mehr als zwei Drittel der Bevölkerung in der Schweiz das wichtigste Problem der nächsten Jahre. Diese Einsicht und das reale Verhalten klaffen noch oft weit auseinander. Bestehende Probleme werden oftmals gerne verdrängt. Dies erstaunt nicht weiter, ergeben sich doch aus veränderten Verhaltensweisen zumeist zusätzliche Mühen und Aufwendungen, denen keine unmittelbare Gegenleistung gegenübersteht. Ich mag keine Übertreibungen, muss aber gestehen, dass die noch weit verbreitete Ignoranz gegenüber den bekannten ökologischen Fakten - auch in Unternehmerkreisen - zum Nachdenken Anlass geben sollte.

Die Frage ist damit gestellt: Können oder sollen wir als Unternehmungen die ganze ökologische Verantwortung dem Staat, den Politikern, Behörden und Beamten überbürden, mit der Konsequenz, dass die Wirtschaft mit einer Flut von Gesetzen und Verordnungen "beglückt" wird? Wäre es nicht sinnvoller und effektiver, wenn Unternehmungen selber die ökologischen Anliegen in ihre Unternehmungspolitik integrieren, und ökologisches Denken in ihre Entscheide einbeziehen würden? Wir bei der Migros gehen diesen Weg und bevor ich aufzeigen werde, *wie* wir diesen Weg gehen, möchte ich zunächst die Migros vorstellen.

Die Migros ist eine Einzelhandelskette, die neben ihrem Kerngeschäft im Lebensmittelhandel eine sehr grosse Vielfalt weiterer Geschäftsaktivitäten entfaltet hat. Sie ist eine Genossenschaft, die sich entsprechend ihren Statuten und Verträgen auf den schweizerischen Markt konzentriert. 1989 erwirtschaftete sie mit den Bereichen Food und Non-Food einen Einzelhandelsumsatz in Höhe von 10,6 Mrd. Franken, was 85% des Konzernumsatzes entspricht. Die restlichen 15% werden durch weitere Firmen wie Hotelplan (Tourismus), Migrol (Benzin und Heizöl), Ex Libris (Buch- und Grammophonclub) und anderen kleineren Unternehmungsaktivitäten erwirtschaftet. Nicht konsolidiert sind die Geschäftsaktivitäten der Migros-Bank und der Secura-Versicherungen.

Die Migros-Gemeinschaft beschäftigt total 67 000 Mitarbeiter, womit sie einer der grössten Arbeitgeber der Schweiz ist. Die zwölf regionalen Genossenschaften, die im Migros-Genossenschaftsbund zusammengefasst sind, betreiben 534 Verkaufsstellen, die mit einer Verkaufsfläche von rund 737 000 m² 10% der Verkaufsfläche des gesamten schweizerischen Einzelhandels abdecken. Ca. 28% der Warenbezüge der regionalen Genossenschaften kommen aus migroseigenen Produktionsbetrieben, hauptsächlich in den Bereichen Schokolade, Backwaren, Teigwaren, Fleischwaren, Konserven, Molkereiprodukte, Getränke, Kosmetik, Wasch- und Reinigungsmittel, die insgesamt einen Umsatz von 2,4 Mrd. Franken erwirtschafteten. Mit einem Marktanteil von über 15% ist die Migros die Nummer Eins im schweizerischen Einzelhandel. Im Food-Bereich beträgt der Marktanteil 22%, im Non-Food Bereich knapp 10%. Mit einem m²-Umsatz von über 14 000 Franken weist sie darüber hinaus auch eine überdurchschnittliche Verkaufsflächenproduktivität auf.

Die Migros ist jedoch keine Unternehmung wie jede andere. Ihr Gründer, Gottlieb Duttweiler, wollte nicht nur wirtschaftlich erfolgreich sein, sondern gleichzeitig der Allgemeinheit dienen. Er setzte sich von Anfang an für die *soziale Verantwortung* der Migros ein, was beispielsweise darin zum Ausdruck kommt, dass auf den Verkauf von Alkohol und Tabak verzichtet wird und aufgrund statutarischer Bestimmungen die Genossenschaften ein halbes, und der Migros-Bund ein Prozent ihrer Umsätze für die Kulturförderung einsetzen. Eigentümer der Migros sind mehr als 1,5 Mio. Genossenschafter, was bedeutet, dass jeder 2. Haushalt in der Schweiz an der Migros beteiligt ist.

Ausdruck der sozialen Verantwortung ist auch die Tatsache, dass wir uns schon sehr lange mit den Auswirkungen unserer Aktivitäten auf die Umwelt befassen. Seit 1985 haben wir ein *"Leitbild Umweltschutz"*, das ein fester Bestandteil der Migros-Unternehmungspolitik ist. Meine nachfolgenden Ausführungen betreffen die Darstellung der ökologischen Ziele der Migros und ihre Umsetzung, konkrete Massnahmen und Ergebnisse in unterschiedlichen Tätigkeitsbereichen sowie einige Erfahrungen, die wir bei unseren Bemühungen gemacht haben.

2. Ökologische Ziele und ihre Umsetzung

Das ökologische Selbstverständnis der Migros ist im Leitbild Umweltschutz niedergelegt. Darin werden vor allem zwei *Grundsätze* hervorgehoben:

- Wir wollen Vorbild sein in der Förderung der Volksgesundheit und in der Schonung der natürlichen Ressourcen.

- Wir unterstützen wirksame Massnahmen zur Verminderung der Umweltbelastung.

Diese für die Migros-Gemeinschaft verbindlich festgelegten Grundsätze, die auf unseren Gründer zurückgeführt werden können, sind Leitsatz und Motivation unserer gesamten Umweltaktivitäten. Das Vorgehen zur Umsetzung dieser Grundsätze in konkrete Aktionen lässt sich bildlich durch vier nacheinander geschaltete Stufen darstellen, die in der Regel mit steigenden technischen Anforderungen und zunehmenden Kosten verbunden sind (Abbildung 9).

Der grosse Block stellt das Mass der Umweltbelastung durch unsere Aktivitäten dar, bevor irgendwelche Massnahmen zu ihrer Reduktion getroffen wurden. Bei den Stufen eins und zwei, Sparen und Substituieren, geht es darum, bereits die Enstehung von Umweltbelastungen von allem Anfang an zu verhindern, also um Prävention. Hierzu gehört auch das Recycling wiederverwertbarer Stoffe. Bei den Stufen drei und vier, Reduktion der Schadstoffe und deren Beseitigung, geht es dann um eine bestmögliche Verminderung einmal entstandener Umweltbelastungen mit technischen Hilfsmitteln, also um Symptombekämpfung. Zur näheren Verdeutlichung unseres Vorgehens werden nachfolgend die Stufen im einzelnen anhand einiger konkreter *Ziele* näher be-

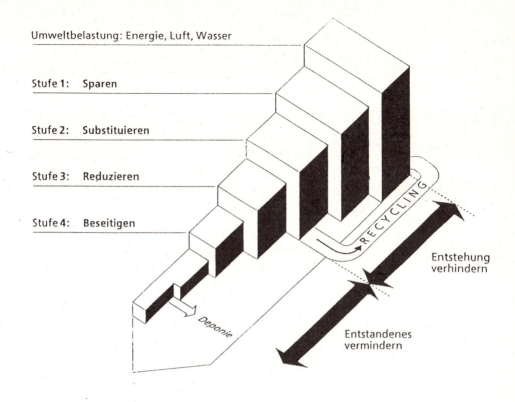

Abbildung 9: Stufenweises Vorgehen zur Reduktion von Umweltbelastungen

schrieben, die sich die Migros im Jahre 1985 für 1990 vorgegeben hat.

a) *Stufe 1 - Sparen*: Beim Sparen streben wir den möglichst ökonomischen Einsatz der Ressourcen (Energie, Verpackungsmaterialien, Rohstoffe etc.) an. Wo es möglich war mit quantifizierbaren Werten zu arbeiten, wurden klare Zielvorgaben definiert. So wurde z.B. vorgegeben in den Verkaufsgeschäften den durchschnittlichen Energieverbrauch an Wärme, Wasser und Elektrizität in der Grössenordnung von 12% - 20% zu reduzieren. Trotz steigenden Absatzzahlen rechnen wir bei der

Verpackung mit einer Stabilisierung der Gesamtmenge und in Teilbereichen mit wesentlichen Reduktionen.

b) *Stufe 2 - Substituieren*: Auf der Stufe Substituieren suchen wir nach alternativen, weniger umweltbelastenden Lösungen. So haben wir für die Beurteilung der Umweltverträglichkeit neuer Produkte und Verpackungen, aber auch für die Frage beispielsweise, ob ein bestehendes Einweg- durch ein Mehrwegsystem ersetzt werden sollte, die Ökobilanz als Entscheidungsinstrument in unserer Unternehmung eingeführt (Abbildung 10).

In der in Abbildung 10 abgebildeten, von der Migros weiterentwickelten Form einer Ökobilanz werden unterschiedliche Verpackungssysteme anhand der vier Kriterien fester Abfall, Luftbelastung, Wasserbelastung und Energieverbrauch einander gegenübergestellt und verglichen. Die verwendeten Basisdaten für alle Verpackungsmaterialien sind von den zuständigen offiziellen Stellen in der Schweiz erfasst und publiziert worden. Sie werden zur Zeit überarbeitet und auf den neuesten Stand gebracht. Die in der Abbildung gezeigte neuartige Form der Aufsummierung unterschiedlicher ökologischer Belastungsarten mit Hilfe von "Ökopunkten" basiert auf dem Konzept der "ökologischen Knappheit", das dazu dient, einen gemeinsamen Nenner für die vier Kriterienbereiche zu liefern. Wie das abgebildete Beispiel zeigt, erweist sich Verpackungssystem 1 mit etwas mehr als 400 Ökopunkten dem Verpackungssystem 2 mit knapp 600 Ökopunkten in ökologischer Hinsicht als deutlich überlegen.

Die Ökobilanz verknüpft somit die Stoffbilanz mit der Energiebilanz und dient als Instrument zum Vergleich der ökologischen Belastungen unterschiedlicher Verpackungsalternativen. Als Beispiel für eine erfolgte Substitution sei hier die Verlagerung unserer Transporte im Bereich Grobverteilung von der Strasse auf die Schiene erwähnt. Die Zielgrösse für 1990 ist hier 50 %, d.h. die Hälfte aller Transporte ist über die Schiene abzuwickeln.

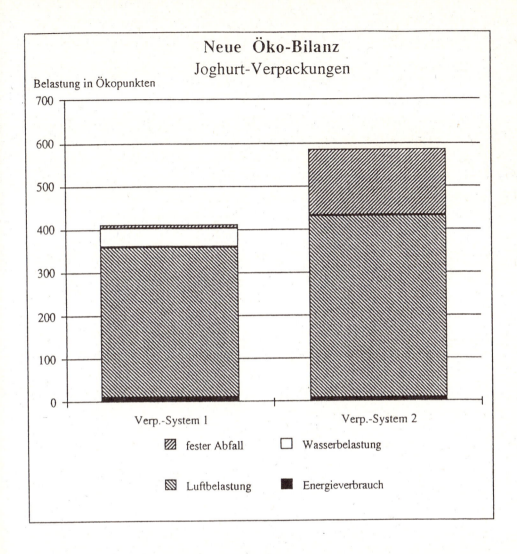

Abbildung 10: Relativer Vergleich von zwei unterschiedlichen Verpackungssystemen für Joghurt anhand ihrer Öko-Bilanz

Alle Verteilzentralen und Industriebetriebe wurden zu diesem Zweck an das Eisenbahnnetz angeschlossen, was ermöglichte, dass 1989 mehr als 1 Mio. Tonnen Güter auf der Schiene transportiert werden konnten. Umgerechnet ergibt dies rund 25 000 Lastwagen nach EG-Gewichtsnormen.

c) *Stufe 3 - Reduzieren von Schadstoffen*: Hier geht es vor allem um die Verkleinerung der Abfallberge und die Verminderung von Schadstoffen. Zu nennen sind hier Massnahmen wie Rauchgas- und Abwasserreinigung oder Schallschutzmassnahmen. Ein konkretes Ziel für 1990 betrifft zum Beispiel die Reduktion der SO^2-Emissionen um 15% - 50 % bei der Verbrennung von flüssigen und gasförmigen Brenn- und Treibstoffen.

d) *Stufe 4 - Entsorgen*: Wir vertreten den grundsätzlichen Standpunkt, dass die Entsorgung der konsumbedingten Abfälle eine Aufgabe des Staates ist. In Anbetracht der schwer zu bewältigenden Problematik und im Wissen darum, dass wir als Grossverteiler unseren Teil der Verantwortung tragen müssen, stellen wir uns nicht auf den Standpunkt: "Die sollen mit dem Abfall machen was sie wollen", sondern wir bieten Hand zu konkreten Problemlösungen, die im nachfolgenden Abschnitt näher erläutert werden.

3. Konkrete Massnahmen und Ergebnisse

Neben den generellen Zielsetzungen und der stufenweisen Vorgehenssystematik haben wir einen konkreten *Massnahmenkatalog* aufgestellt, wobei wir uns an den damals bekannten und im Vordergrund stehenden Umweltproblemen orientiert haben. Anhand von konkreten Beispielen aus den Bereichen Sortimentsgestaltung, Verpackungsgestaltung, Energieverbrauch und Entsorgung von Abfällen möchte ich Ihnen näher erläutern, was wir bis heute unternommen und erreicht haben.

3.1 Sortimentsgestaltung

Eine besondere Bedeutung messen wir dem Produktesortiment bei. Es ist einfach zu sagen, dass letztlich der Konsument entscheidet, was gekauft wird. Als Produzent und Grossverteiler tragen wir eine grosse Mitverantwortung für die Gestaltung unseres Warenangebotes. Der Einfluss des Anbieters ist zwar beschränkt, das sollte ihn aber nicht davon abhalten, dauernd nach Verbesserungen zu suchen. Wir sprechen heute bei der Migros von einem *dreidimensionalen Marketing*. Was ist damit gemeint? Darin kommt zum Ausdruck, dass bei der Auswahl und Beurteilung der Warensortimente neben der Beschaffungs- und Absatzseite auch die Erfordernisse des Umweltschutzes als dritte Dimension zu berücksichtigen sind. Dies soll anhand einzelner Beispiele verdeutlicht werden.

a) Vor gut 15 Jahren lancierte die Migros das *"Migros-Sano-Programm"*. Hinter diesem Programm steht die Idee, durch umweltfreundlichere Produktionsmethoden den Schadstoffgehalt beim Gemüse und Obst so weit wie möglich zu reduzieren und den Boden zu schonen. Die Grundlagen dieses Programms sind klare und kontrollierbare Normen, genaue Analysen der Böden und des Saatguts, reduzierter, auf die Bodenanalysen abgestimmter Einsatz von Dünge- und Pflanzenschutzmitteln sowie umfassende Beratung der Landwirte und strenge Kontrollen. Heute beraten und kontrollieren 14 Agronomen in der Schweiz 1800 Migros-Sano-Betriebe, die je nach Saison und Region ca. 50% des Bedarfs der Migros an inländischem Obst und Gemüse abdecken. Das Migros-Sano-Programm hat darüber hinaus wesentlich dazu beigetragen, dass sich in der Schweiz die sogenannte "Integrierte Produktion" zum agrarpolitischen Leitfaden entwickeln konnte.

b) Wir arbeiten aber auch gezielt an der *Verbesserung bestehender Produkte*, um sie in ökologischer Hinsicht zu optimieren. So werden bei den Kühlschränken und Tiefkühltruhen neue Modelle angeboten, die durch eine verbesserte Isolation rund 40% weniger Energie verbrauchen.

c) Die Migros war der erste Grossverteiler, der in verschiedenen Bereichen Produkte auf *Altpapierbasis* anbot. So führten wir bereits 1975 den ersten Schreibblock aus Umweltschutzpapier ein. In der Zwischenzeit wurde das entsprechende Angebot auf Haushaltpapier, WC-Papier und Papeterieartikeln ausgedehnt. In diesen Artikelgruppen wird heute rund ein Drittel des Umsatzes auf der Basis von Recycling-Papier erwirtschaftet.

d) Im Hinblick auf *FCKWs* als Treibgase, haben wir uns seit Jahren bemüht, das als umweltbelastend geltende Treibmittel durch Alternativen zu ersetzen. Die Anstrengungen führten in unserer Kosmetikfabrik dazu, dass FCKWs seit Mitte 1988 vollständig ersetzt sind.

e) Bei den *Batterien*, die im Hinblick auf ihre Entsorgung ökologisch besonders problematisch sind, setzen wir auf MIO-Suisse Green Force Batterien ohne Quecksilber und Mangan und bei den leistungsfähigeren Typen auf Alkali-Batterien mit stark reduziertem Quecksilber-Gehalt.

3.2 Verpackungsgestaltung

Eine besondere Beachtung schenken wir auch der *Verpackung*, ist sie doch die Ursache eines grossen Teils unserer riesigen Abfallberge. Bei der heute dominierenden Verkaufsform der Selbstbedienung hat die Verpackung eine besondere Stellung. Deshalb haben wir ein *Leitbild Verpackung* geschaffen, worin die Funktionen der Verpackung klar definiert sind. Sie muss bei uns primär das Produkt schützen, zweckmässig und ökonomisch sein.

Wir verlangen aber auch, dass sie in ökologischer Hinsicht so beschaffen ist, dass die bei Herstellung, Gebrauch und Entsorgung verursachte Umweltbelastung möglichst gering ist.

Alle der gängigen Verpackungsmaterialien decken dank ihren spezifischen Eigenschaften bestimmte Bedürfnisse ab, weil das Zusammenwirken von Verpackungsgut, Abpackanlage und Anforderungen der Logistik optimal abgestimmt sein muss. Die ökologische Beurteilung hängt dabei nicht allein vom Material ab, sondern auch von Faktoren wie dem existierenden Recyclingsystem oder der Art der Entsorgung. Im Hinblick auf die Reduktion des Verpackungsaufwands stehen bei uns zwei Lösungswege im Vordergrund: Weglassen von Verpackungsmaterial, was bei Selbstbedienung allerdings eine Ausnahme darstellt, oder Optimieren, d.h. wo möglich Verpackungsmaterial vermindern. Lassen Sie mich dies anhand einer Anzahl von Beispielen verdeutlichen:

a) Zahnpasta sowie weitere Kosmetik- und Pflegeprodukte werden ohne zusätzliche Umverpackung in den Verkauf gebracht.

b) Einen hohen Materialaufwand weisen die Verpackungen von Kleinlederwaren auf. Wir haben deshalb im letzten Jahr - mit grossem Erfolg - den Offenverkauf eingeführt.

c) Das Getränkesortiment wird zu 98% im Mehrwegglas angeboten. Wir verzichten insbesondere auf Dosen und nehmen damit in Kauf, dass unsere Marktchancen eingeschränkt sind. Als Dosen-Ersatz ist eine Mehrwegglasflasche mit Schraubverschluss vorgesehen, die gleichzeitig die alte Drei-Deziliter-Flasche mit Kronenkorken ersetzen wird.

d) Als interessantes Beispiel sei auch das Glas für Frucht-Nektar erwähnt. Trotz anfänglichem Widerstand unseres Marketings, wegen der bestehenden Einweg-Konkurrenzlösung, wurde eine Mehrweg-Lösung durchgesetzt. Das Resultat: Unser Absatz hat sich weiterhin sehr gut entwickelt.

Dass unsere Massnahmen im Verpackungsbereich erfolgreich sind, ist daraus ersichtlich, dass sich bei gleich bleibendem Verpackungsaufwand im Verlauf der vergangenen drei Jahre unser Umsatz um rund 10% erhöht hat. Gerade in diesem Bereich ist aber noch viel zu tun. In unserer Wohlstandsgesellschaft ist der Trend zur Convenience weiterhin ungebrochen, was oft mit einem unvernünftigen Verpackungsaufwand verbunden ist.

3.3 Energieverbrauch

Unter dem Druck der Erdölkrise haben wir sehr früh mit dem Energiesparen begonnen. Als Erfolgskontrolle verwenden wir eine umfassende Energieverbrauchsstatistik, die alle Filialen, Verteilzentralen und Produktionsbetriebe erfasst. Anhand des vorliegenden Zahlenmaterials möchte ich mit folgenden Abbildungen 11 und 12 gewisse Trends aufzeigen.

Die Abbildung 11 zeigt als Beispiel die Entwicklung des spezifischen Energie- und Wasserverbrauchs in den migroseigenen Produktionsbetrieben seit 1975. Für die Verbrauchsentwicklung wurden 1985 quantitative Ziele vorgegeben, die bis 1990 erreicht werden sollten. Wie aus der Abbildung ersichtlich, wurde das Ziel für den Energieverbrauch bereits 1986 unterschritten, während das Ziel für den Wasserverbrauch 1989 erreicht wurde. Auch in absoluten Verbrauchswerten gerechnet, hat der Heizöl- und Wasserverbrauch über den gleichen Zeitraum abgenommen, während der Verbrauch an elektrischer Energie zugenommen hat.

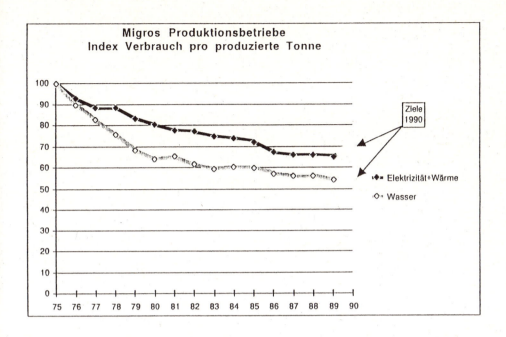

Abbildung 11: Energieverbrauchs- und Wasserverbrauchsentwicklung in den migroseigenen Produktionsbetrieben

Mittels Abbildung 12 sollen unsere Anstrengungen zur Energieverbrauchseinschränkung für den Totalenergieverbrauch der Migros insgesamt dargestellt werden. Es wird deutlich, dass die Migros-Gemeinschaft ihren Umsatz zwischen 1981 und 1988 um 34% erhöhen konnte, bei praktisch gleichbleibendem Gesamtenergieverbrauch. Der Erfolg der Energiesparbemühungen der Migros wird auch aus dem Vergleich mit der bedeutend grösseren gesamtschweizerischen Energieverbrauchszunahme von 13% deutlich. Das Wachstum des Stromverbrauchs von 16% entspricht allerdings dem gesamtschweizerischen Zuwachs.

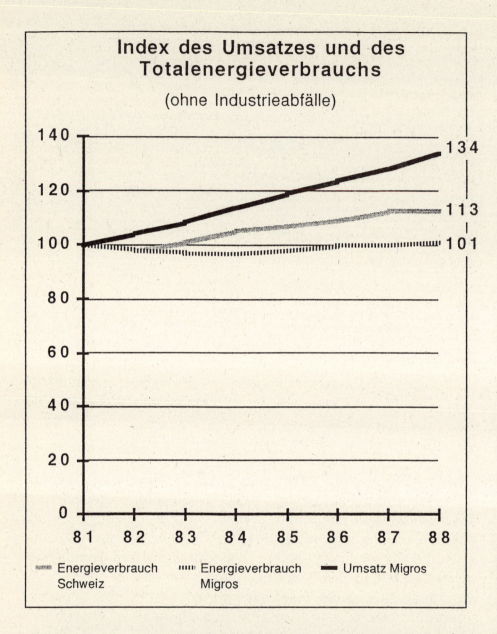

Abbildung 12: Vergleich des Energieverbrauchswachstums der Migros-Gemeinschaft mit dem der Schweiz

Unsere Anstrengungen im Energiebereich möchte ich noch mit folgenden Beispielen illustrieren:

a) Eine *Modell-Filiale* in Frick, die speziell im Hinblick auf eine Optimierung des Energie- und Ressourcenverbrauchs eingerichtet wurde, lieferte interessante Ergebnisse, die zu konkreten Massnahmen bei Neu- und Umbauten führten. Die Erfolgszahlen dieser Filiale sind eindrücklich: Der Ölverbrauch beträgt lediglich 10% des Verbrauchs einer vergleichbaren Normal-Filiale, der Stromverbrauch 60% und der Wasserverbrauch 15%. Diese sehr hohen Einsparungen sind jedoch nur zu einem Teil auf Normal-Filialen übertragbar.

b) Eine umfassende Analyse verschiedener Sanierungsvarianten in den Wohnbauten unserer Pensionskasse ergab als Resultat, dass der Einbau von *Solarzellen* beim Stand der heutigen Technologie für Wohnbauten aus wirtschaftlichen Gründen - bei einem Ölpreis von 300 Fr./1000 l - für uns noch nicht in Frage kommt. Dass die Solararchitektur aber auch mit wirtschaftlichem Erfolg angewendet werden kann, zeigt ein Beispiel in der Genossenschaft Migros Aargau/Solothurn. Dank einer geschickter Ausnützung der Sonnenenergie im Zusammenwirken mit subtropischen Pflanzen kann dort in einem neu errichteten Restaurant auf eine Klimaanlage verzichtet werden. Und die Heizenergie wird hier nicht mit Heizöl erzeugt, sondern als Fernwärme aus der naheliegenden Kehrichtverbrennungsanlage bezogen. Diesem Verbundnetz sind auch die ganze Betriebszentrale der Genossenschaft Migros Aargau/Solothurn, die Produktionsbetriebe unserer Firmen Chocolat Frey, der Kosmetikfabrik Mibelle und der Teigwarenfabrik Jowa, aber auch das gesamte Einkaufszentrum Wynenfeld mit dem erwähnten Restaurant angeschlossen.

c) In den Heizzentralen anderer Migros-Betriebe werden mit erheblichem Aufwand Rauchgasfilter eingebaut, und bereits vor einigen Jahren - lange vor Inkrafttreten der Luftreinhalteverordnung in der Schweiz - erfolgte die Umstellung von Schweröl auf "Heizöl leicht" zur Verminderung der SO_2-Belastung der Luft.

d) Grosse Beachtung fand auch die namhafte Unterstützung eines Elektromobils in Leichtbauweise, das an der Tour de Sol 1986 in seiner Kategorie den 1. Preis gewann.

3.4 Entsorgung von Abfällen

Ich komme zum Thema der Entsorgung von Abfällen und damit zur Frage, mit welchen Massnahmen die öffentliche Hand bei der Lösung ihrer Entsorgungsprobleme effektiv unterstützt werden kann? Zur Zeit werden speziell von den Gemeinden Versuche unternommen, durch das separate Sammeln von wiederverwertbaren Stoffen die Abfallberge zu reduzieren. Gewisse Aktionen wie das Sammeln von Glas und Alu-Dosen zeigen hier bereits Erfolge, während in anderen Bereichen bisher grosse Anlaufschwierigkeiten zu verzeichnen waren. Mit unserer Zielsetzung wollen wir dazu beitragen, dass möglichst wenig Abfall ensteht.

a) Bei Massenverpackungen setzen wir - wo es ökologisch sinnvoll und von seiten der Logistik, Kosten und Convenience her tragbar ist - konsequent *Mehrwegsysteme* ein. Dies erlaubt beispielsweise eine jährliche Einsparung von 60 000 Tonnen Einwegkarton. Für unsere interne Logistik setzen wir konsequent wiederverwertbare Transportgebinde aus Kunststoff ein. Auch der bereits erwähnte mehrheitliche Einsatz bepfandeter Mehrweg-Flaschen für Getränke entlastet die Kehrichtabfuhr von gewaltigen Mengen.

b) Eine andere Massnahme betrifft die Zuführung von Stoffen zur *Wiederaufbereitung*. Alle organischen Abfälle unserer Industriebetriebe werden recycliert. Von den Abfällen der Verteilzentralen kann rund die Hälfte wiederverwendet werden. In der Genossenschaft Migros Zürich werden alle organischen Abfälle kompostiert und als Bodenverbesserer wieder in den Verkauf gebracht.

c) Die ökologisch richtige *Entsorgung* hat für uns auch einen hohen Stellenwert. So unterstützen wir mit grossem finanziellem Aufwand ein Projekt, das die saubere Entsorgung von Batterien zum Ziel hat, statt diese - wie bisher - in irgendwelchen Salzbergwerken der DDR abzulagern. Eine Pilotanlage mit 1500 Jahrestonnen Kapazität soll in der Schweiz bis 1992 betriebsbereit sein.

4. Die finanzielle Seite des Umweltschutzes

Vielleicht denken Sie nun, das ist ja alles interessant und schön, was die Migros macht. Aber wie sieht es mit den Kosten aus? Kann man ein solches Programm überhaupt bezahlen? Wie steht es mit dem "Return on Investment"?

In finanziellen Zahlen ausgedrückt, haben wir in den letzten 4 Jahren rund 60 Mio. Franken für Umweltschutzmassnahmen aufgewendet. Hinzugefügt werden muss hier jedoch, dass vieles gar nicht in Zahlen erfassbar ist. Bestimmte Investitionen fliessen nur teilweise wieder zurück, andere bedürfen wohl hoher Investitionen, helfen aber auch massiv Kosten zu sparen, wie die Massnahmen zur Energiebewirtschaftung. Wichtig ist es hier eine langfristige Betrachtungsweise anzuwenden. Wir werden oft erst in fünf bis zehn Jahren anhand der Resultate feststellen können, ob sich der Aufwand gelohnt hat. Bei Umweltschutzmassnahmen akzeptieren wir deshalb auch längere Payback-Fristen als sonst üblich. In diesem Zusammenhang möchte ich auf ein Zitat des grossen Ökonomen F.A. von Hayek verweisen, der einmal gesagt hat: "... niemand kann ein grosser Ökonom sein, der *nur* Ökonom ist", und ich bin sogar versucht hinzuzufügen, dass der, der ausschliesslich Ökonom ist, leicht zum Ärgernis, wenn nicht gar zu einer wirklichen Gefahr für sinnvolle ökologische Massnahmen wird.

5. Die Umsetzung des Leitbilds in Verhalten

Nicht nur das finanzielle Engagement für den Umweltschutz ist wichtig, sondern mindestens gleichermassen das persönliche Engagement der verantwortlichen Führungskräfte. Papiere zu verfassen und durch die zuständigen Gremien verabschieden zu lassen ist das Eine, ihre Umsetzung in die Praxis ist das - ebenso wichtige - Andere.

Die Migros weist eine föderalistische Unternehmungsstruktur auf, mit 12 autonomen regionalen Verteiler-Genossenschaften, mit Industrie- und Logistikbetrieben, Dienstleistungsunternehmen und dem Migros-Genossenschaftsbund als Dachorganisation. Man hat deshalb von dieser Dachorganisation aus oftmals den Eindruck, es handle sich vielmehr um eine Tochter mit 12 Müttern, als um das Gegenteil. Aufgrund des autonomen Status der Genossenschaften, aber auch aus psychologischen Gründen, kann die Durchsetzung einer Politik, die einiges an Umdenken erfordert, nicht einfach von oben verfügt werden. Es braucht in erster Linie die Einsicht und Motivation der verantwortlichen Führungskräfte, damit ein solch umfassendes Programm auch in die Praxis umgesetzt wird.

Als Initialzündung zur Präsentation und Diskussion der neuen Politik haben wir deshalb einen *Kadertag* organisiert, dessen Besuch für alle höheren Führungskräfte obligatorisch war. Es wäre vermessen gewesen, zu erwarten, dass diese erste Konfrontation mit einer Politik, die für viele Mitarbeiter in erster Linie zusätzliche Probleme und Zielkonflikte bringt, auf allseitige Begeisterung stossen würde. Das Resultat war eher vorsichtiges Wohlwollen, aber auch Skepsis von Seiten der Marketingleute. Diese Skepsis ist durchaus verständlich, werden diese Leute doch nach wie vor an ihren Umsatz- und Ertragszahlen gemessen. Erfreulicherweise wurde aber in einigen Unternehmungen auch geradezu beispielhaft reagiert. Im Lauf der weiteren Monate und ersten Jahre ist dann die Einsicht in die Notwendigkeit einer gezielten Umsetzung der Umweltschutzpolitik gewachsen. Und es wird heute auch von den Skeptikern anerkannt, dass uns diese Politik nicht nur zusätzliche Probleme verursacht, sondern auch ein erstaunliches Mass an Goodwill bei den Kunden gebracht hat.

Umweltschutzpolitik hat heute in den *Ausbildungsprogrammen* unserer Mitarbeiter einen festen Platz. Zur Unterstützung der Ausbildungsleiter stehen vollständige Dokumentationen über den ganzen Themenkomplex sowie Tonbildschauen und interaktive Video-Lernprogramme zur Verfügung. Wenn sich 60 000 Mitarbeiter aktiv mit Fragen der Umwelt und den Wechselwirkungen zwischen ihr und unserer Unternehmung beschäftigen, dann werden die positiven Ergebnisse nicht lange auf sich warten lassen. Die praktische Durchsetzung der Umweltschutzpolitik auf den verschiedenen Stufen der ganzen Migros-Gemeinschaft geht aus nachfolgender Abbildung 13 hervor.

Die Überwachung und Kontrolle der festgelegten Ziele, aber auch die Entscheidung über neue Massnahmen sowie ihre Ingangsetzung wird durch eine fest institutionalisierte "Arbeitsgruppe Umwelt" (AGU) wahrgenommen. Sie ist direkt einem

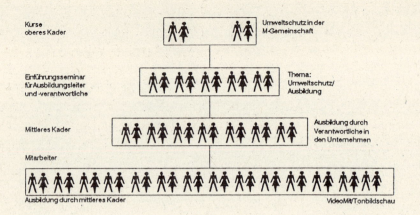

Abbildung 13: Die praktische, stufenweise Durchsetzung der Umweltschutzpolitik in der Migros-Gemeinschaft

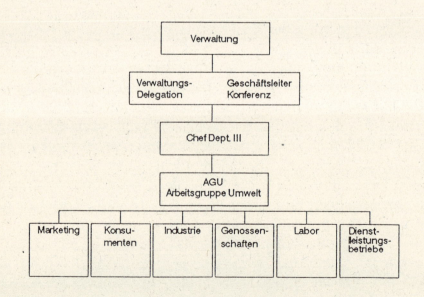

Abbildung 14: Organisatorische Einordnung der AGU

Mitglied der Verwaltungsdelegation, dem obersten Führungsgremium des Migros-Genossenschaftsbundes, unterstellt und setzt sich aus verantwortlichen Direktoren aller Unternehmungsbereiche zusammen. Umweltschutz ist also bei uns nicht die Aufgabe eines hierfür Beauftragten, sondern "Chefsache" und im Pflichtenheft jedes Führungsverantwortlichen enthalten. Die organisatorische Einordnung der AGU geht aus Abbildung 14 hervor.

6. Aufklärung und PR

Entscheidend für den Erfolg des eingeschlagenen Weges in den Bereichen Produktsortiment und Verpackung ist aber letztlich die Reaktion der Kunden. Ich habe bereits einleitend auf die widersprüchlichen Verhaltensweisen des Einzelnen hingewiesen. Ökologisch vernünftiges Verhalten lässt sich nicht erzwingen. Schulmeisterei wirkt eher kontraproduktiv. Wir versuchen deshalb in einer sehr langfristig angelegten Informationskampagne in unseren Wochenzeitungen dem Konsumenten in möglichst objektiver Art und Weise klar zu machen, weshalb wir die eine oder die andere Massnahme treffen, weshalb wir diese oder jene Ware in einer modifizierten Verpackung oder in anderer Zusammensetzung führen. Wir sagen ihm aber auch, wie er mit einem entsprechendem Verhalten selber einen Beitrag zur Verbesserung der Situation leisten kann.

Der mündige Konsument kann wohl einen Teil der Verantwortung dem Warenverteiler aufbürden, er muss aber letztlich selber entscheiden können, welchen Produkten er den Vorzug geben will. Für uns als Produzent und Warenverteiler ist es eine innovative Aufgabe, dafür zu sorgen, dass die Vertrauensbasis unserer Kunden auch auf die ökologische Komponente ausgedehnt wird. Der Konsument erwartet doch von uns, dass wir ihm Produkte anbieten, die er ohne schlechtes Gewissen konsumieren und geniessen kann.

7. Zusammenfassung und Lehren

Die Ergebnisse unserer ökologischen Bemühungen möchte ich abschliessend in Form von Thesen zusammenfassen und einige Lehren aus unseren bisherigen Erfahrungen ziehen:

a) Umweltschutz ist eine Aufgabe der Gesellschaft, Politiker und Behörden. Der Einzelne, aber auch die Unternehmungen sind gefordert, ihren Teil zur Verbesserung der unhaltbaren Situation beizutragen.

b) Die Migros hat die Zeichen der Zeit erkannt. Ökologisches Verhalten ist ein wichtiger *Bestandteil unserer Unternehmungsstrategie*. Wir wollen verantwortungsbewusst handeln und Vorbild sein. Ökologie und Ökonomie sollen möglichst in Einklang gebracht werden. Der Einbezug der Ökologie in das unternehmerische Denken bringt aber unweigerlich auch Zielkonflikte, insbesondere für das Marketing. Die verantwortlichen Mitarbeiter sind hier zusätzlich gefordert. Es ist jedoch unsere Überzeugung, dass der Umweltschutz für die Unternehmung neue Chancen bietet und die Innovation fördert und vorantreibt.

c) Für die *Motivation der Mitarbeiter* muss viel Energie aufgewendet werden. Im Rahmen der Ausbildung muss Sensibilität und Verständnis für die erforderlichen Massnahmen geweckt werden. Daran muss kontinuierlich gearbeitet werden.

d) Die *Reaktion der Konsumenten* spielt eine wesentliche Rolle. Eine Einflussnahme ist hier bis zu einem gewissen Punkt möglich. Information und Aufklärung ist sicher nötig und auch gefragt, nicht jedoch Bevormundung.

e) *Ökologische Marktwirtschaft* ist - sowohl im Grossen als auch im Kleinen - ein Lernprozess. Lernprozesse brauchen Zeit und Geduld. Grössere Umwälzungen sind kurzfristig nicht möglich, aber wohl auch nicht wünschbar.

f) Umweltschutzpolitik erfordert zwar ein langfristiges Denken. Wie sich bestimmte Massnahmen aber auswirken, ist meist nur schwer vorauszusehen. "Grüne" Visionen hören sich manchmal sehr gut an, sensibilisieren auch bis zu einem gewissen Grad, wirken aber oft verwirrend und bringen kaum konkrete Verbesserungen.

g) Wir verfolgen bei der Migros eine *Politik der kleinen Schritte*. Mit unserem Leitbild Umweltschutz haben wir die Weichen - unserer Überzeugung nach - in die richtige Richtung gestellt. Seine Umsetzung erfordert konsequentes Handeln und eine Triebfeder, die *Mut* heisst. Mut, gewisse Risiken einzugehen, allenfalls auf bestimmte Produkte zu verzichten oder manchmal auch tiefere Marktanteile in Kauf zu nehmen. Misserfolge und Fehlschläge sind auch in diesem Bereich nicht ausgeschlossen. Auch hierfür braucht es Mut dies anzuerkennen.

Persönlich bin ich jedoch vollends überzeugt, dass sich eine aktive Umweltschutzpolitik für unsere Unternehmung langfristig positiv auswirkt. Und wenn viele andere Unternehmungen in die gleiche Richtung stossen, kann vielleicht vermieden werden, dass neben vielen notwendigen Gesetzen, die uns alle einschränken, eine Flut von weiteren Massnahmen folgt, die nicht nötig wären. Ich möchte meine Ausführungen mit einem hierzu passenden Zitat von Gottlieb Duttweiler beschliessen: "Freiwilligkeit ist der Preis der Freiheit!"

Integration des Umweltschutzes in die Zellstoff-Produktion
Von der Reaktion zur Innovation

Kurt Trottmann

1. Cellulose Attisholz und die Zellstoffproduktion

Die Cellulose Attisholz AG ist der einzige Zellstoffhersteller in der Schweiz, mit Sitz in Riedholz, Kanton Solothurn. Seit der Gründung im Jahre 1881 konnte sie ihre Produktion kontinuierlich steigern und erreicht 1990 ein Total von über 130 000 Jahrestonnen, was etwa 30% des gesamten schweizerischen Zellstoffverbrauchs entspricht. Die Cellulose Attisholz beschäftigt knapp 600 Mitarbeiter und ist eine hundertprozentige Tochter der Attisholz Holding AG, die neben der Zellstoffherstellung noch in Herstellung und Vertrieb von Hygienepapieren tätig ist und insgesamt einen Umsatz von 500 Mio. Franken erwirtschaftet.

Die Attisholz-Gesamtproduktion von 130 000 t besteht aus Sulfitzellstoff, wobei 100 000 t aus langfaserigem Fichtenholz, die übrigen 30 000 t aus kurzfaserigem Buchenholz gewonnen werden. Der Fichtenholz-Zellstoff steht in gebleichter, halbgebleichter und ungebleichter Qualität zur Verfügung. Neben dem *Primärprodukt*, dem Zellstoff, fallen bei der Produktion eine ganze Anzahl von sekundären Erzeugnissen an, die zu verschiedenen *Spezialprodukten* weiter verarbeitet werden. Die Cellulose-Ausbeute beträgt dabei 48%, bezogen auf die eingesetzte Holzmasse. Der Rest der Holzsubstanz findet sich nach dem Kochprozess in gelöster Form in der sogenannten Ablauge, die wiederum zu 97% erfasst und verarbeitet wird. Nur 3% der Ablauge, 1,5% der ursprünglichen Holzsubstanz, werden als Abwasser schliesslich der Kläranlage zugeführt.

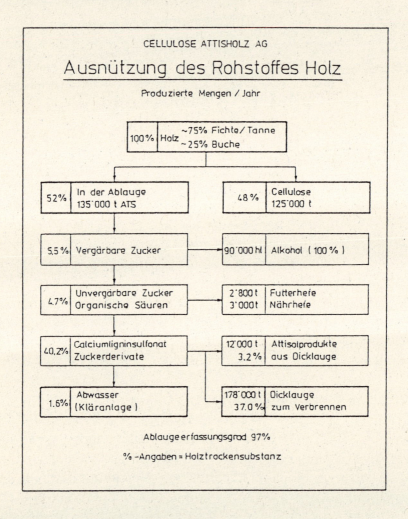

Abbildung 15: Die Ausnützung des Rohstoffs Holz bei der Celluloseherstellung

In der Ablauge verbleibt zum grössten Teil das Lignin, die Kittsubstanz der Cellulose im Holzverband. Enthalten sind aber auch organische Säuren und Zucker. Diese werden zu Alkohol und Hefe verarbeitet. Das verbleibende Lignin wird in riesigen Eindampfanlagen eingedickt und kann als Bindemittel für Tierfuttermischungen, als Dispergatoren für Baustoffe, Agrochemikalien und Farben, sowie als Hilfsmittel für Erdölbohrungen verwertet werden. Das Gros der gewonnenen Dicklauge dient letztlich als Energieträger und wird in speziell konstruierten Dampfkesseln verbrannt. Alle diese sekundären Erzeugnisse bilden einerseits eine wertvolle Ergänzung der Produktepalette und führen andererseits zu einer *fast hunderprozentigen Ausnützung* des Rohstoffs Holz, zum grossen Teil im Sinne einer Holzveredlung.

Zellstoff dient als Werkstoff zur Herstellung hochwertiger Papierprodukte. Abnehmer ist somit die *Papier- und Kartonindustrie*. Papier und Karton werden aus chemisch und mechanisch erzeugten Faserstoffen hergestellt. Grundstoff für beide ist Holz. Mittels Recycling von Altpapier kann der Holzverbrauch für die Papierfabrikation bis zu einem gewissen Ausmass substituiert werden. Durch mehrmaliges Recycling werden die Fasern indessen immer kürzer, sodass sie durch Original-Fasern, sei es Holzschliff oder Zellstoff, ersetzt werden müssen. Einen speziellen Stellenwert nimmt hier der Zellstoff ein. Er bildet das Faservlies oder oft auch nur die Armierung eines Papierblatts. Abhängig von der gewünschten Papierqualitt wird ausschliesslich Zellstoff verwendet (holzfreie Papiere) oder nur in kleinen Anteilen zugesetzt, in Kombination mit Holzschliff und Altpapier, wie etwa beim Zeitungspapier (holzhaltige Papiere). In der Schweiz wird in der Papierherstellung bereits über 45% Altpapier eingesetzt, vornehmlich in der Kartonindustrie und für Zeitungspapier. Beim Einsatz in hochwertigen und vor allem dünnen Papieren verursacht das Altpapier erhebliche Schwierigkeiten bezüglich Aussortierung, Aufbereitung und Deponieschlamm. Darüber hinaus verbleiben beim Altpapiereinsatz zwischen 5 und 35% der eingesetzten Menge als speziell zu entsorgender Deponieschlamm.

Während zur Herstellung von Holzschliff hauptsächlich erstklassiges Durchforstungsholz - möglichst waldfrisch geschlagen - erforderlich ist, kann Zellstoff auch aus Zweitklass-, Schwach- und Sägerestholz gewonnen werden. Für die Herstellung von Buchenzellstoff (= Kurzfaser) basiert Attisholz auf Rundholz und für Fichtenzellstoff (= Langfaser) heute bereits zu 80% auf Sägerestholz. Forstkreise vertreten die Auffassung, dass zur Gesunderhaltung des Waldes in der Schweiz jährlich 6 - 7 Mio m³ Holz geerntet werden müssen. Zur Zeit sind es aber nur insgesamt 4,5 Mio m³. Der Holzbedarf von Attisholz im besonderen liegt bei 500 000 m³ oder umgerechnet 750 000 Ster/Jahr. Unter diesem Aspekt kann man die schweizerische Zellstoffindustrie kaum als "Waldfrevler" apostrophieren.

2. Die sich ändernden ökologischen Herausforderungen im Verlauf der Entwicklung der Zellstoffproduktion

Die über 100jährige Geschichte von Attisholz war nicht nur durch ein kontinuierliches Produktionswachstum gekennzeichnet, sondern auch durch eine Abfolge ganz unterschiedlicher ökologischer Herausforderungen. Bezüglich der Form der Herausforderungen und der getroffenen Umweltschutzmassnahmen lassen sich fünf Phasen unterscheiden: Die Phase 1 dauerte bis 1914 und kann in ökologischer Sicht als "Steinzeit" bezeichnet werden. Die Phase 2 dauerte von 1914 bis 1963 und war durch erste Umweltschutzmassnahmen gekennzeichnet. Eine erste grosse ökologische Herausforderung für die Zellstoff- und

Papierindustrie war dann in Phase 3, die von 1963 - 1976 dauerte, durch die Herabsetzung der Abwasserfrachten gegeben. Sie führte zur Schliessung von Wasserkreisläufen und dem Einbau von biologischen Kläranlagen. In Phase 4, zwischen 1977 und 1987, traten dann die Aspekte der Luftreinhaltung und des Energiekonsums in den Vordergrund. In der letzten und jüngsten Phase 5, die 1987 begann und bis 1991 dauern wird, geriet vor allem die Chlorbleiche des Zellstoffs unter Beschuss. Die durch sie verursachten chlorierten organischen Substanzen im Abwasser konnten einerseits von den Kläranlagen nur teilweise abgebaut werden, andererseits führte sie zu minimalsten Dioxinspuren im Papier. Die phasenspezifischen Herausforderungen und die getroffenen Umweltschutzmassnahmen sollen nachfolgend im einzelnen erläutert werden. (Abbildung 16)

2.1 Phase 1: Die ökologische "Steinzeit" bis 1914

In der ersten Phase bis 1914 konnte von einer unbedeutenden Umweltbelastung ausgegangen werden. Ein grosser Vorfluter, der Fluss Aare, konnte bei bescheidener Produktion deren Abwässer ohne weiteres aufnehmen. Dies kann deshalb als "Steinzeit" der ökologischen Herausforderung bezeichnet werden.

2.2 Phase 2: Erste Umweltschutzmassnahmen zwischen 1914 - 1963

Im Gegensatz zur Sicherheit chemischer Anlagen, der seit jeher ein besonderes Augenmerk geschenkt wurde, sind unsere Vorfahren bei der Celluloseproduktion wegen mangelndem Grundwissen mit der Umwelt recht grosszügig umgegangen. Man glaubte zu jener Zeit noch an das scheinbar unbegrenzte Aufnahmevermögen von Luft, Wasser und Boden für alle nicht offensichtlich giftigen Stoffe. Umso bemerkenswerter war die frühe Erkenntnis, dass die Holzzucker und organischen Säuren der Ablauge für den Vorfluter deshalb schädlich sind, weil sie

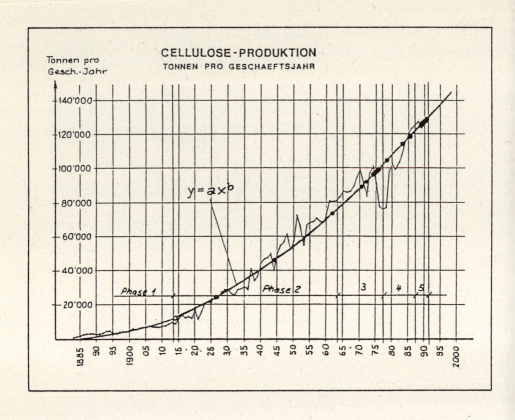

Abbildung 16: Die Entwicklung der Cellulose-Produktion und die Phasen der ökologischen Herausforderung

ihm - teilweise - den gelösten Sauerstoff entziehen. Mit dem Bau einer *Spritfabrik* (1914) zur Holzzucker-Elimination, und später dann einer *Hefefabrik* (1944) zur Elimation der unvergärbaren Zucker sowie der Essig- und Ameisensäuren, wurden erstmals Massnahmen zum Abbau dieser Substanzen getroffen, die - vor allem bezüglich der Hefefabrikation - eines enormen Forschungsaufwandes bedurften.

1962 erfolgte der Bau einer ersten *Ablauge-Eindampfanlage*, kombiniert mit einer neuen Spritfabrik und einem ersten Ablaugeverbrennungskessel, was zu einer Entlastung der Aare um 85 % der anfallenden Ablauge führte. Dabei entwickelte das Forschungsteam von Attisholz zusammen mit Escher-Wyss eine spezielle Anlage nach dem Thermokompressions-Verfahren, angetrieben durch eine Gegendruckdampfturbine nach dem Wärmekraft-Kupplungs-Prinzip. Trotz hervorragender Wirtschaftlichkeit erwies sich der Brüden-Kompressor wegen Verkrustungen und Schaufelbrüchen auf die Dauer als untragbar. Die Anlage wird heute zur Voreindampfung der Ablauge eingesetzt. Diese Massnahmen erfolgten alle ohne behördlichen Druck und aufgrund eigener Forschungsanstrengungen. Der Aufwand betrug insgesamt 33 Mio. Franken, zum damaligen Geldwert.

2.3 Phase 3: Die Abwasser-Sanierung rückt zwischen 1963 und 1976 in den Vordergrund der Bemühungen

Einer weiteren Verbesserung des Gewässerschutzes standen wesentliche technische Hindernisse im Weg. So wurde es noch in den 60er-Jahren als unmöglich angesehen, dass für Cellulose-Abwässer, die eine Vielzahl von chemischen Substanzen enthalten, eine biologische Reinigung in Frage käme. Aufgrund der bei der Hefegewinnung erworbenen Kenntnisse der Abwasserbiologie gelang es jedoch Attisholz ein zweistufiges biologisches Reinigungsverfahren für kommunale Abwässer zu entwickeln. (Abbildung 17)

Die Abwasserreinigungsanlagen nach dem "System Attisholz" konnten in der Folge auch als eigenständige Technologie erfolgreich auf dem Markt angeboten werden. 1964 wurde eine erste Anlage in der Gemeinde Rüttenen, Kanton Solothurn, mit 2000 Einwohnern und 1966 eine zweite Anlage in der Gemeinde

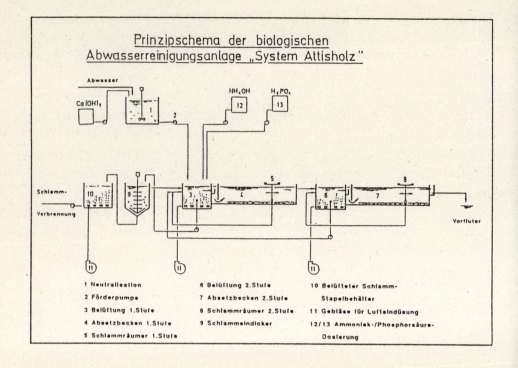

Abbildung 17: Schema einer biologischen Abwasserreinigungsanlage nach dem "System Attisholz"

Riedholz, Kanton Solothurn, mit 3000 Einwohnern in Betrieb genommen. Parallel dazu wurden Versuchsanlagen zur Reinigung von Metzgereiabwässern und Abwässern der Papierfabriken betrieben, die 1967 zu Anlagen in der Gemeinde Hinwil mit 10 800 Einwohnerngleichwerten (EG) und in der Papierfabrik Biberist mit 80 000 EG führten. 1972 folgte dann die Papierfabrik Utzenstorf mit 113 000 EG. Seitdem wurden auch verschiedene Anlagen im In- und Ausland gebaut. Auch an der Lösung der eigenen Abwasserprobleme wurde intensiv weitergeforscht, wobei die Bleichereiabwässer ein fast unüberwindliches Hindernis darstellten.

Der Bau des Flusskraftwerks Flumental durch die Elektrizitätsgesellschaft ATEL unterhalb von Attisholz, führte zwischen 1967 und 1969 zu einem Aarestau entlang dem ganzen Werksgelände. Die bestehenden 12 Ausläufe in die Aare mussten innerhalb einer zu erstellenden Stützmauer gefasst und in Form eines zweigeteilten Kanals in den Unterlauf des Kraftwerks geleitet werden. Dies verlangte nach einem speziellen Entsorgungskonzept. In dessen Rahmen wurden unsere Abwasserströme in drei unterschiedlich zu behandelnde Kategorien eingeteilt:

A-Wasser: Sickerwasser und unverschmutzte Kühlwässer;
B-Wasser: Abwässer, die mit Restcellulose belastet sind und eine geringe chemische Verunreinigung aufweisen;
C-Wasser: Stark chemisch belastete Abwässer mit Cellulosefaser-Rückständen.

Das A-Wasser konnte ohne Behandlung über die eine Hälfte des neu erstellten Kanals in die Aare abgegeben werden. Das B-Wasser wurde über die bestehenden Sedimentationsbecken gesammelt und von dort der anderen Hälfte des Kanals zugeleitet. Gleichzeitig wurden ein Pumpwerk für 2 400 m³/h und eine mechanische Kläranlage geplant. Für das C-Wasser waren zwei Neutralisationsbecken und eine Pumpstation für 2 200 m³/h vorzusehen, vorerst zur Förderung in einer separaten Leitung in den Unterlauf des Kraftwerks und später zur Zuführung zu einer biologischen Kläranlage.

Im Rückblick und auf längere Frist betrachtet muss der Kraftwerksbau für Attisholz als Glücksfall bezeichnet werden, wurden doch erhebliche Kostenanteile der Abwassertrennung von dessen Bauherrn ATEL finanziert. Vorerst lösten jedoch die Messresultate des Verschmutzungsgrades der B- und C-Abwässer bei den Behörden einen Schock aus. Obwohl Attisholz damals innerhalb der Zellstoffindustrie weltweit die niedrigsten Emissionen aufwies, geriet die Firma 1971 von Seiten der Behörden unter *starken Druck*. Ihr wurde auferlegt bis 1975 eine rigorose Abwassersanierung durchzuführen oder aber den Betrieb einzustellen.

Wenn Attisholz zu jener Zeit über keine Erfahrungen auf dem Gebiet der biologischen Abwasserreinigung verfügt hätte, wäre dieser Termin indiskutabel gewesen. Auf dem Markt war damals kein Reinigungsverfahren erhältlich, das den Forderungen des Gewässerschutzamtes Solothurn genügt hätte. Glücklicherweise stellte sich heraus, dass aufgrund der mittlerweile gewonnenen industriellen Erkenntnisse ein biologischer Abbau mit Hilfe des neuen zweistufigen Verfahrens möglich war. Es galt aber dieses in der kurzen zur Verfügung stehenden Zeit anzupassen. Eine Herausforderung, die mit einem hohen Risiko behaftet war.

Umfangreiche *flankierende Massnahmen* zur Reduktion der bestehenden Abwasserfracht erwiesen sich aufgrund der Analyse der Messresultate aber als unumgänglich. Sie umfassten eine Erhöhung der Verdampfungsleistung der Ablaugeeindampfung von 40 auf 110 t Wasser pro Stunde, eine Verdoppelung der Hefeproduktion, die Installation eines 2. Ablaugeverbrennungskessels mit doppelter Kapazität, womit der Ablaugeerfassungsgrad auf den heutigen Wert von 97% erhöht werden konnte. Hierfür mussten 40 Mio. Franken eingesetzt werden. Weitere 33 Mio. Franken erforderten die Errichtung einer mechanischen Kläranlage 1973, einer zweistufigen biologischen Kläranlage 1974 sowie eine Schlammentwässerungs- und Verbrennungsanlage 1975. Zur Schlammverbrennung wurde ein Wirbelschichtofen mit Abhitzekessel und Elektrofilter installiert, was damals eine Neuheit in der Verbrennungstechnologie von Schlämmen darstellte. Zusammen mit der Rinde der Entrindungsanlage kann die Anlage zeitweise autark betrieben werden, sonst mit geringem Heizölzusatz. Der Abhitzekessel deckt 8% des Dampfbedarfs von Attisholz.

Dieses enorme Programm hatte *finanzielle Konseqeunzen*. Das Aktienkapital musste um 9 Mio. Franken erhöht werden und zudem eine Anleihe in der Höhe von 30 Mio. Franken aufgelegt werden. Der Kanton Solothurn half durch ein zinsloses Darlehen, rückzahlbar innerhalb von 10 Jahren, zuvorkommenderweise ebenfalls mit.

Die positiven *Auswirkungen* der getroffenen Massnahmen auf die Qualität des Aarewassers sind aus Abbildung 18 ersichtlich, wobei darauf hinzuweisen ist, dass Attisholz zwischen den Messstellen Solothurn und Wynau liegt.

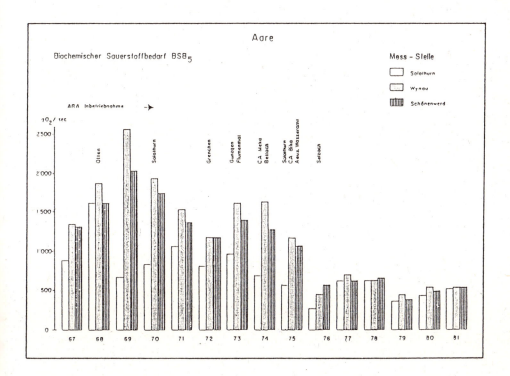

Abbildung 18: Der Einfluss der neu installierten Kläranlagen auf die Qualität des Aarewassers

Während die 1973 installierte mechanische Kläranlage einen mehr als 95-prozentigen Abbau der Feststoffe erlaubt, eliminiert die 1974 installierte biologische Kläranlage mehr als 95% des biochemischen Sauerstoffbedarfs in 5 Tagen (BSB_5) und 90% der Feststoffe. Beim chemischen Sauerstoffbedarf (CSB) liegen wir indessen erst bei einem Abbau von knapp 50%.

Diesem Erfolg stehen mit 5,2 Mio. Franken/Jahr erhebliche Betriebskosten gegenüber, die nicht auf die Zellstoffpreise überwälzt werden können und deshalb die Ertragslage der Unternehmung nachhaltig schmälern. Es dauerte bis 1983, bis beispielsweise auch in finnischen Zellstoffwerken die ersten biologischen Kläranlagen gebaut wurden. In anderen Ländern argumentiert man noch heute, dass die biologische Behandlung der Celluloseabwässer noch intensiver Forschungsarbeiten bedürfe, um die Kapitalkosten und Schlammmengen reduzieren zu können. Zu jener Zeit durfte Attisholz für sich in Anspruch nehmen, eine der umweltfreundlichsten Zellstoffabriken der Welt zu sein. Aber die Spiesse im Konkurrenzkampf auf dem Zellstoff-Weltmarkt waren kürzer geworden und das Bewusstsein, dass weitere Schritte folgen mussten, war geweckt.

2.4 Phase 4: Energiesparmassnahmen und die Abluft-Sanierung stehen zwischen 1977 und 1987 im Vordergrund

Die Jahre 1975 bis anfangs 1979 standen im Zeichen einer weltweiten Rezession in unserer Branche. Es kam zu einem Preiszerfall von 1 150 Franken bis auf 700 Franken/t Zellstoff. Unter diesen Bedingungen konnte die ungebleichte Qualität nicht mehr kostendeckend hergestellt werden, weil dafür nur erstklassiges, weissgeschältes und dadurch sehr teures Holz in Frage kam. Es mussten erhebliche Kapazitätseinbussen hingenommen werden. Für einen schon früher geplanten zweiten Vollbleichstrang mit Investitionskosten von 30. Mio Franken fehlten nach den enormen Umweltschutzaufwendungen einfach die Mittel.

Durch einen innovativen Schritt gelang es ab 1978 den ungebleichten Zellstoff durch eine *halbgebleichte Qualität* mit 70% Weisse sukzessive abzulösen. Die Innovation bestand darin, den Vollbleichstrang um eine Bleichstufe zu reduzieren und im freigestellten Bleichturm eine *Bleichung mit Wasserstoffperoxid*, absolut chlorfrei durchzufhren. Damit war Attisholz in der Lage, mit dem gleich billigen Holzsortiment wie für die vollgebleichten Qualitäten auszukommen. Der erwartete grosse Durchbruch blieb jedoch aus. Die Forderung nach einer höheren Weisse zwang die Produktion vielmehr eine Chlorbleichstufe vorzuschalten. Dadurch konnte eine Weisse von 87% mit nur zwei Bleichstufen (gegenüber 90 - 94% Weisse im 6-stufigen Vollbleichstrang) erreicht und die Kapazitätsengpässe überwunden werden. (Abbildung 19)

Diese Innovation ermöglichte es ab 1979 die Produktion deutlich zu steigern. Die gesteigerte Ablaugeerfassung führte jedoch auch zu einem grösseren Verbrennungsanteil der eingedickten Ablauge und damit zu einem um 30% höheren SO_2-Ausstoss aus unserem Hochkamin. (Abbildung 20)

Die Umweltprobleme hatten sich somit, wie vorauszusehen war, vom Wasser in die Luft verlagert. Dies blieb auch den Behörden nicht verborgen. Sie forderten von uns, innerhalb eines Jahres einen *Massnahmenkatalog zur Emissionsreduktion* zu erstellen. Ein Ingenieurbüro evaluierte alle auf dem Markt befindlichen Entschwefelungsverfahren, wobei vor allem nach Lösungen im Hinblick auf ein SO_2-Recycling gesucht wurde. Parallel dazu galt es, Energiesparpotentiale des Betriebs zur Senkung des fossilen Brennstoffbedarfs auszuschöpfen. Das betriebseigene Forschungsteam schliesslich forcierte seine Anstrengungen im Hinblick auf die Entwicklung eines schwefelfreien Cellulose-Aufschlussverfahrens.

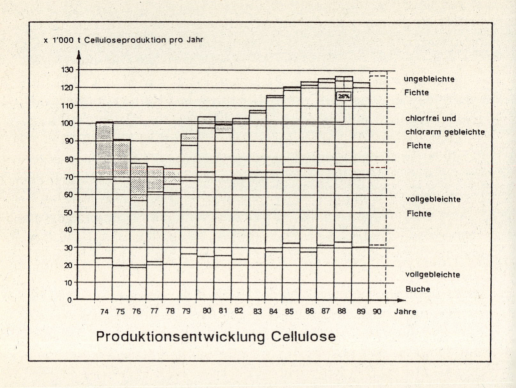

Abbildung 19: Anteile unterschiedlicher Bleichegrade an der Cellulose-Gesamtproduktion

Ausführbare Resultate innerhalb der geforderten Jahresfrist lieferten jedoch nur folgende *Energiesparmassnahmen*: Modifikation der Spritfabrik, Ausnützung des Wärmepotentials der Kühlwässer, Betrieb der Vollentsalzungsanlage für Kesselspeisewasser mit Warmwasser, Dampferzeugung mit Elektrolyse-Wasserstoff, Optimierung der Ablaugefeuerung, Reduktion des Zerstäuberdampfs, Kombination der Alkoholaustreibung mit der Ablaugevoreindampfung und schliesslich ein Dampfverbund mit der benachbarten Kehricht-Beseitigungs-AG (KEBAG) Zuchwil, die 1,4 km von Attisholz entfernt war.

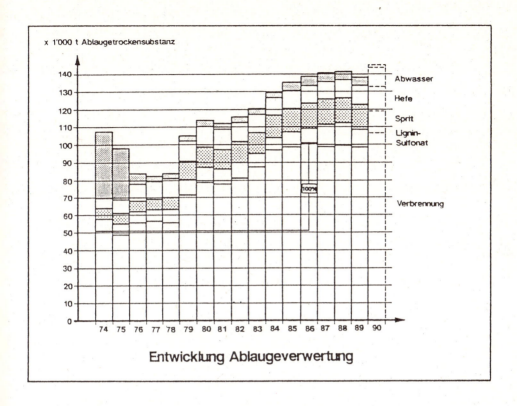

Abbildung 20: Die Entwicklung der Ablaugeverwertung im Zuge der Produktionsentwicklung

Die Evaluation der Entschwefelungsverfahren war eine Enttäuschung. Von den 22 überprüften Verfahren zeigten nur zwei Ansätze für ein SO_2-Recycling, alle anderen waren reine Gipsproduzenten. Das erste Verfahren wurde bei uns pilotiert, wies jedoch nur einen Abscheidegrad von 85% auf. Das zweite Verfahren wurde für 22 Mio. Franken angeboten und bedingte jährliche Betriebskosten von 2,5 Mio. Franken, trotz Schwefeleinsparung. Auch diese Verfahren waren nicht einsetzbar. Die letzte Hoffnung setzten wir schliesslich auf Versuche mit einer neuartigen Absorptionskolonne im Technikum der Firma Sulzer. Sie führten dann zur aufwendigen Eigenentwicklung des heutigen *Rauchgas-Entschwefelungsverfahrens*. Einmal mehr sah sich Attisholz somit gezwungen, mit Innovation und Risiko seine Probleme selber zu lösen. Der Zeitplan zog sich auch dementsprechend in die Länge. (Abbildung 21)

Aus dem Überblick geht hervor, dass Projekte wie der Dampfverbund mit der KEBAG und die Rauchgasentschwefelung (RGE) eine Abwicklungsdauer von ca. 3 Jahren erforderten. Die Behörden setzten im Herbst 1982 grosses Vertrauen in die Innovationskraft von Attisholz. Sie hätten auch stur die Realisierung des vorliegenden Projekts für 22 Mio. Franken fordern können. Es fehlten zum damaligen Zeitpunkt jedoch die gesetzlichen Grundlagen. Die Luftreinhalte-Verordnung trat erst ein halbes Jahr nach der Inbetriebsetzung der Rauchgas-Entschwefelungs-Anlage in Kraft. Zudem konnte die Unternehmung zum damaligen Zeitpunkt bereits verbindliche Zusicherungen über die geplanten Einsparungen an fossilen Brennstoffen abgeben, die in der Folge auch eintrafen.

Aus der nachfolgend abgebildeten Entwicklung des gesamten *Brennstoffbedarfs* geht die insgesamt realisierte Einsparung an thermischer Energie hervor, in Relation zur Entwicklung der Celluloseproduktion und bezogen auf das Jahr 1980. (Abbildung 22)

Die *Energiesparmassnahmen* erlaubten bis 1983 eine Reduktion des Brennstoffbedarfs von 19%, die durch konsequentes Energiemanagement bis 1988 sogar auf 23% erhöht werden konnte. Bemerkenswert ist die Brennstoffeinsparung von 44% für 1983 und 83% für 1984, was einer Reduktion des Schwerölverbrauchs pro Jahr von 26 000 auf 4 000 t gleichkommt. Zu diesem Erfolg trugen neben den Sparanstrengungen auch die mit der zunehmenden Produktion gesteigerte Dicklaugenmenge und - ab 1984 - der Dampfverbund mit der KEBAG bei. Für die Behörden war je-

```
Phase 4: Energie und Abluft
1977 - 87: Investitionskosten = 25 Mio Franken


1987      Sanierung Trockner-Abluft

1986      Luftreinhalte-Verordnung
          Rauchgas-Entschwefelung

1985

          Genehmigung RGE-Projekt
1984
          Dampfverbund mit KEBAG

1983
          RGE-Eigenentwicklung

1982

          Planung Dampfverbund
1981
          Energiesparmassnahmen
1980
          Evaluation RGE-Verfahren

1979
```

Abbildung 21: Überblick über die wichtigsten Massnahmen in Phase 4

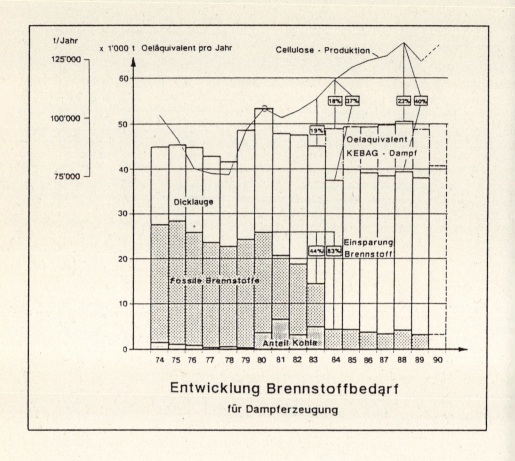

Abbildung 22: Die Entwicklung des Brennstoffbedarfs für die Dampferzeugung

doch die gleichzeitig erreichte 37%ige Abnahme unserer Rauchgasemissionen im Jahre 1984 massgebend, um der Eigenentwicklung der Entschwefelungsanlage zuzustimmen.

Der *Dampfverbund mit der KEBAG* darf als Schulterschluss von zwei benachbarten Unternehmungen betrachtet werden, die beide vor dem Dilemma standen, eine Rauchgasreinigung bauen zu müssen, für die es noch keine technisch ausgereifte Lösung gab und deren Kosten schwer abzuschätzen waren. Das Energiepotential der KEBAG mit 28 Megawatt wurde mit der vorhandenen Stromerzeugung (Kondensationsturbine) nur zu 17,5% ausgenutzt. Durch Abgabe von Prozesswärme in Form von Dampf an Attisholz war eine Steigerung auf 60 % möglich. Innovativ war die Leitidee, einen solchen Verbund gemeinsam zu finanzieren und den resultierenden Gewinn zu teilen. Dieser Verbund funktioniert seit Herbst 1983 problemlos und wird noch lange einen sinnvollen Umweltschutzbeitrag in unserer Region leisten.

Der Erfolg der Energiesparanstrengungen zeigt sich jedoch am deutlichsten in der *Entwicklung des Brennstoff- und Strombezugs.* (Abbildung 23) Weil hier die Dicklauge als Eigenenergie nicht einzubeziehen ist, kommen wir hier für 1988 auf eine Einsparquote gegenüber 1980 von 39%, oder von 65% bezogen auf den reinen Rohenergiebezug. Die Bedeutung des thermischen Energieanteils der KEBAG ist in dieser Darstellung besonders gut ersichtlich. Die Entwicklung des Stromverbrauchs - in Relation zur Produktion - konnte ebenfalls um 11% gedämpft werden. Zu bemerken wäre hier noch, dass der Stromanteil für Umweltschutzanlagen in den letzten Jahren auf 10% des Gesamtverbrauchs angestiegen ist.

Ein weiteres Merkmal dieser Phase ist die *Preisentwicklung von Schweröl und Strom.* (Abbildung 24) Während der Strom kontinuierlich anstieg, zerfiel der Ölpreis nach 1985 dramatisch, sogar unter das Niveau von 1974. Derzeit dominiert der Strompreis den gesamten Energieaufwand, was dazu geführt hat, dass der Dampfverbund seit zwei Jahren defizitär ist. Was als ökologisch-ökonomischer Betrieb konzipiert war, verwandelte sich damit zu einem rein ökologischen Betrieb. Sorgen bereiten im Moment auch die Strompreisentwicklung und die künftige Verfügbarkeit von Strom.

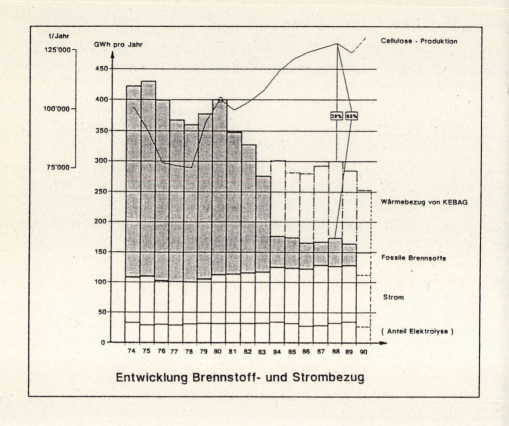

Abbildung 23: Entwicklung des Brennstoff- und Strombezugs in GWh pro Jahr und in Relation zur Cellulose-Produktion

Die neu entwickelte *Rauchgasentschwefelungsanlage* basiert auf zwei übereinander angeordneten Absorptionskolonnen mit Mellapak-Füllkörpern der Firma Sulzer, die im Endeffekt die für den Holzaufschluss erforderliche Kochsäure produzieren. In der oberen Kolonne wird das SO_2 der Rauchgase mit einer wässerigen Kalkmehl-Lösung zu 95% absorbiert. Es entsteht dabei eine noch sehr schwache Kochsäure, die in der unteren Kolonne mit

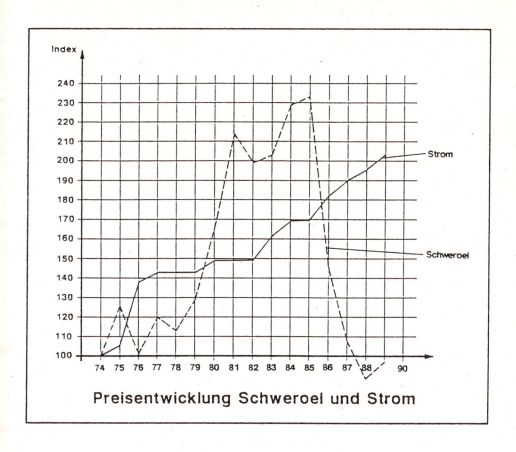

Abbildung 24: Die Preisentwicklung von Schweröl und Strom

SO$_2$ aus der Schwefelverbrennungsanlage auf den gewünschten SO$_2$-Gehalt aufgestärkt wird. Die Rauchgase müssen vorher gekühlt und gewaschen werden, da die Anlage nur mit kalten und staubfreien Abgasen funktioniert. Der Schwefelverbrauch konnte dank diesem Recyclingsystem auf die Hälfte gesenkt werden. Der Investitionsaufwand betrug 13 Mio. Franken und der Mittelrückfluss aus der Schwefeleinsparung und der Warmwasserabgabe beläuft sich auf 1,5 Mio. Franken pro Jahr.

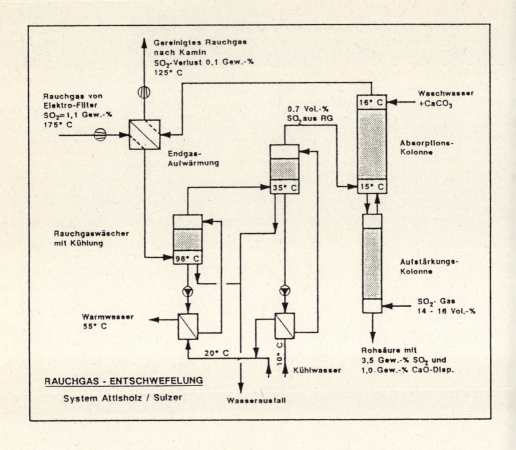

Abbildung 25: Rauchgasentschwefelung nach dem "System Attisholz/Sulzer"

Nach einer dreimonatigen Anfahrphase wurden im Mittel über 95% Abscheidegrad erreicht. Der Schwefeleinsatz sank dabei von 84 auf 41 kg pro t Zellstoff. Der jährliche SO_2-Ausstoss reduzierte sich von 10 000 t auf 500 t. Diese Werte konnten in den vergangenen Betriebsjahren beibehalten werden.

Als weiterer Schritt in der Phase 4 blieb noch die Sanierung der staub- und SO_2-haltigen Emissionen der Zerstäubungstrockner für Hefe und Ligninsulfonat sowie weiterer Abgasquellen. Aufgrund der neu gewonnenen Erfahrungen werden diese in einen gemeinsamen Wäscher (Quenche) und über eine Aufwärmstation in die Brennkammer des Ablaugeverbrennungskessels geleitet. Dort werden ihre Inhaltsstoffe oxidiert und anschliessend mit den Rauchgasen zur RGE gefördert.

Die Phase 4 hatte zu Beginn - wie bereits erwähnt - eine tiefe Rezessionsperiode durchzustehen, was zusammen mit der Bewältigung der Umweltschutzaufgaben zwischen 1977 und 1982 zu sechs dividendenlosen Jahren führte. Es war eine unternehmerische Leistung, den Umweltschutz weiterzuführen und die Aktionäre davon zu überzeugen, dass sie ihren Beitrag durch einen Verzicht auf Dividenden mitzuleisten hätten.

2.5 Phase 5: Der Weg zur Ursachenbehebung nach 1987

Trotz allen Anstrengungen auf dem Gebiet der Abwassersanierung, vermochten die erreichten Resultate nicht voll zu befriedigen. Das B-Abwasser wies eine zu hohe chemische Belastung auf und der Abbau des chemischen Sauerstoffbedarfs (CSB) des C-Wassers in der biologischen Kläranlage konnte nicht mehr weiter verbessert werden. Die erforderlichen Massnahmen zur Ursachenbehebung, die in der Phase 4 aus Prioritätsgründen zurückgestellt werden mussten, konnten endlich in Angriff genommen werden. Sie umfassten folgende Punkte:

a) Erhöhung des Ablauge-Erfassungsgrads auf über 99 %;

b) Reduktion des Einsatzes von Elementarchlor in der Bleicherei mittels Sauerstoff/Peroxid-Bleichstufen und höherem Chlordioxid-Anteil;

c) Verdoppelung der Chlordioxid-Produktion;

d) Umbau der Chloralkali-Elektrolyse auf Membrantechnik, zur Vermeidung von Quecksilber-Kontaminationen und -Emissionen (Ersatz der Quecksilber-Zellen);

e) Reduktion der Betriebswassermenge um 30% durch Kreislaufschliessungen.

Erst im Laufe eines langwierigen Lernprozesses wurde erkannt, dass die Ökologie auch ökonomische Aspekte aufweisen kann, wenn die richtigen Technologien gewählt oder die Randbedingungen entsprechend angepasst werden. So liessen die geplanten Technologien eine Stromeinsparung von 10 Mio. KWh pro Jahr, entsprechend 8% des Strombezugs erwarten. Dies war rein ökonomisch noch wenig befriedigend. Doch zusammen mit dem Entscheid, gleichzeitig die Produktion von 125 000 auf 140 000 t Zellstoff pro Jahr anzuheben, konnte auch eine einigermassen akzeptable Rentabilität erreicht werden.

An eine *Produktionserhöhung* durfte jedoch nur gedacht werden, wenn gleichzeitig das *AOX-Problem* gelöst werden konnte. AOX ist ein Mass für die aus dem Lignin gebildeten chlorierten Substanzen, die im Abwasser nachgewiesen werden können. Der zu erreichende Zielwert liegt unter 1 kg AOX pro t Cellulose, während Attisholz heute bei 2,8 kg liegt.

Die Arbeitsgemeinschaft Wasserwerke Bodensee-Rhein machte in den frühen achtziger Jahren auf dieses Problem aufmerksam, weil die chlorierten organischen Substanzen die Trinkwasserqualität beeinträchtigen. Mit einem Aufwand von 1,2 Mio. Franken wurde bereits 1985/86 der Einsatz von Sauerstoff als Bleichmittel vorbereitet und in einer Bleichstufe im Vollbleichstrang in Betrieb genommen. Es versteht sich jedoch von selbst, dass solche Umstellungen, in Anbetracht der bedeutenden Materialflüsse und der wirtschaftlichen Auswirkungen möglicher Fehlproduktionen, mit äusserster Behutsamkeit vorgenommen werden müssen. Die gewonnenen Erfahrungen erlaubten es aber, an die Projektierung von Sauerstoff-Vorbleichstufen vor den beiden Bleichsträngen zu gehen. Die zu erwartende Chloreinsparung ist beachtlich. Im Jahr 1985 wurden noch 56 kg Chlor pro t Zellstoff eingesetzt. Heute sind es 36 kg und nach Projektabschluss werden es nur noch 8 kg sein.

Erfreulicherweise hat die Nachfrage nach chlorfei gebleichtem Zellstoff mit 80% Weisse im letzten Jahr - vor allem für Hygienepapiere - stark zugenommen. Die Konsumenten und Umweltschutzorganisationen haben hier ein Umdenken in Bewegung gebracht, das auch den Bestrebungen der Produzenten entgegenkommt. Letztlich entscheidet hier der Markt, welche Produkte herzustellen sind. Attisholz kann Ende 1990 bis zu 65 000 t pro Jahr absolut chlorfei gebleichten Zellstoff produzieren.

Die anlaufende Phase 5 war vom Ereignis "*Schweizerhalle*" überschattet. Die eingeleiteten Aktivitäten, die aus nachfolgender Übersicht hervorgehen, erfuhren durch die verlangten zeitaufwendige Risikoanalysen sowie die sich daraus ergebenden neuen Diskussionspunkte Verzögerungen. (Abbildung 26)

Aufgrund der Risikoanalysen trat zum einen das *Flüssigchlorlager in freistehenden Druckbehältern* als neues Problem in den Vordergrund. Es entspricht zwar in seiner heutigen Form durchaus dem Stand der Technik, eine Beschädigung aufgrund eines Terroranschlags oder eines Flugzeugabsturzes kann jedoch in der Tat nicht ausgeschlossen werden. Mit dem Umbau der Elektrolyse auf Membranzellen wurde deshalb beschlossen, zusätzlich ein druckloses Chlorlager in einem geschlossenen Betonbaukörper zu installieren, da auf den Chloreinsatz in den nächsten Jahren noch nicht ganz verzichtet werden kann. Zudem ist auf dem Werksgelände ein Hersteller für Eisenchloridsulfat eingemietet, der eine stete Chlorabnahme für dieses in Kläran-

```
Phase 5: Ursachenbehebung
1987 - 1991: Investitionskosten = 40 Mio Fr.
```

1992

        Wasserrückhaltung zur Aare

1991   Reduktion Betriebswasser 30 %
        Sauerstoff-Bleichstufen

        Ablaugeerfassung > 99 %

        Elektrolyseumbau

1990

        Zellstoff 80 % Weisse chlorfrei

        Chemi-Washer Ablaugeerfassung

1989

        Kreditbewilligung Sauerstoff-Vorbleiche
        und Elektrolyse-Umbau

        Behördliche Verfügungen (Risiko)

1988   Ausbau Chlordioxid-Anlage

        Betriebsversuche Membranzellen

        Risikoanalyse

1987   Ereignis Schweizerhalle
        Sauerstoffstufe Vollbleichstrang

1986

        Konfrontation mit AOX-Problem

Abbildung 26: Übersicht über die Massnahmen zur Ursachenbenebung in Phase 5

lagen einsetzbare Fällungsmittel gewährleistet. Die neuen Anlagen sind im März 1990 in Betrieb genommen worden.

Zum anderen sehen wir uns mit der aufwendigen Notwendigkeit konfrontiert, unsere Anlagen gegenüber der Aare abzuschotten. Der Abwasserkanal entlang der Stützmauer - mit 4000 m³ Inhalt - soll für den Katastrophenfall zu einem "Auffangbekken" umfunktioniert werden.

Die Phase 5 beansprucht in finanzieller Hinsicht mit der Kapazitätserhöhung einen Kredit in Höhe von 60 Mio. Franken. Der umweltschutzbedingte Anteil beträgt alleine zwei Drittel, d.h. 40 Mio. Franken. Nimmt man die ganze Periode zwischen 1972 und 1987, so investierte Attisholz total 175 Mio. Franken, wovon 100 Mio. Franken allein für die Bereiche Umweltschutz und Energie aufgewendet wurden. Diese Zahlen mögen dokumentieren, dass das Verantwortungsbewusstsein gegenüber der Natur und den Ressourcen ständig gewachsen ist. Die Kapazitätsgrenze wird jedoch in den nächsten Jahren erreicht sein. Das qualitative Wachstum wird weitergehen bis zu dem Punkt, wo neue Technologien den Bau einer umweltfreundlicheren Neuanlage erforderlich machen, vielleicht mit dem in Weiterentwicklung befindlichen schwefelfreien Holz-Aufschlussverfahren "Made in Attisholz".

Entwicklung und Vermarktung umweltschonender Waschmittel

Ökologische Herausforderung für den Waschmittel-Hersteller

Hans Rudolf Bircher

1. Die Unternehmung Lever im Schweizer Waschmittelmarkt

Seifen, Wasch- und Reinigungsmittel spielen in unserem täglichen Leben zwar eine unauffällige, keineswegs aber eine unwichtige Rolle. Sie sind eine Voraussetzung für das Wohlbefinden und den heute erreichten Stand der allgemeinen Hygiene und der Volksgesundheit. Unterstrichen wird ihre Bedeutung auch dadurch, dass Seife und Waschmittel in der Schweiz als lebensnotwendige Güter der vom Bundesrat verordneten Pflichtlagerhaltung unterstellt sind.

Die Gründung der Unternehmung Lever geht auf das Ende des letzten Jahrhunderts zurück und damit auch die Philosophie des Hauses, Sauberkeit zu etwas Alltäglichem zu machen, die Arbeit der Frauen zu erleichtern und zur Lebensqualität beizutragen. Als erstes Produkt wurde unter dem Namen Sunlight, dem damaligen Firmennamen, eine neuentwickelte, erstmals verpackte und bald auch beworbene Seife eingeführt. Sunlight war einer der ersten Markenartikel in der Schweiz. Später kamen dann Einweichmittel, Seifenflocken, Toilettenseifen, Vollwaschmittel, Reinigungs-Produkte und Körperpflegemittel dazu. Heute erwirtschaftet Lever mit seinen Produkten Omo, Radion, Lux, Comfort, Vif etc. einen Umsatz von über 150 Mio. Franken und ist in der Schweiz Marktführer. Die schweizerische Lever AG ist ein Unternehmen des weltweit tätigen Unilever-Konzerns.

Im Rahmen des vorliegenden Beitrags soll die Reaktion von Lever auf die zunehmende Bedeutung der ökologischen Zusammenhänge dargestellt werden. Dabei stehen die Erfahrungen mit der Entwicklung und Einführung eines umweltschonenden Waschmittels neuen Typs im Vordergrund des Interesses. Darüber hinaus werden aber auch die Anstrengungen einer ökologisch bezogenen Weiterentwicklung bestehender Produkte geschildert und einige allgemeine Folgerungen für ein ökologisch bewusstes Marketing herausgearbeitet.

2. Die ökologischen Zusammenhänge werden bewusst

Im Verlauf der letzten Jahrzehnte ist die Leistungskraft der Waschmittel laufend gesteigert und damit die Arbeit im Haushalt wesentlich erleichtert worden. Die Wäschepflege hat sich von einer mühsamen und langwierigen Arbeit, bestehend aus Einweichen, Auswringen, Vorwaschen, Bürsten, Kochen und Bleichen, zu einer unspektakulären Beschäftigung verändert. Beim heutigen Stand der Entwicklung genügt es, die Wäsche zu sortieren, einzufüllen und einen Knopf an der Waschmaschine zu drücken. Eine ganze Reihe den Waschprozess erschwerender Faktoren wie temperaturempfindliche Gewebe aus Kunststoffen und Mischfasern, nuancenreiche Textilfarben oder schwierige Verschmutzungsarten müssen nicht weiter beachtet werden. Die Fortschritte der Waschmittelchemie ermöglichen es, die Waschfaktoren Mechanik, Wärme, Zeit und Wasserverbrauch laufend zu reduzieren und das Waschresultat trotzdem zu verbessern.

Die Entwicklung hatte aber auch Nebeneffekte. Zum einen schrumpfte die Wertschätzung der traditionellen Hausfrauenrolle beim Waschen und Putzen, obwohl in unseren enger gewordenen Lebensverhältnissen Sauberkeit und Hygiene sehr viel direkter mit Wohlbefinden und persönlicher Attraktivität verknüpft sind als früher. Nicht zufällig ist der Pro-Kopf-Verbrauch von Waschmitteln eng verbunden mit dem Lebensstandard. Zum anderen setzte sich die Erkenntnis durch, dass höchster Bequemlichkeit beim Waschen aufgrund veränderter Wertvorstellungen nicht mehr die höchste Priorität zukommt und Fragen der Umweltverträglichkeit eine stark zunehmende Bedeutung erlangt haben.

Eine *umweltbezogene Bewusstseinsänderung* hat somit stattgefunden. Waren es ursprünglich lokale Gegebenheiten, wie beispielsweise das Algenwachstum in stehenden Gewässern, die Aufmerksamkeit auf sich gezogen haben, so hat die Bedrohung seither eine *globale Dimension* angenommen. Klimaveränderungen, die Gefährdung der Trinkwasserquellen und Nahrungsketten sind zu einer existentiellen Herausforderung für die Gesellschaft geworden. Aber auch eine unmittelbare Gefährdung der *menschlichen Gesundheit* durch toxische Stoffe im Wasser oder Boden wird mit den zivilisatorischen Auswirkungen auf die Umwelt in Verbindung gebracht.

Die Gesellschaft, die Politiker, die Unternehmer, alle haben begonnen, jeweils auf ihre Art, sich dieser Gefährdungen anzunehmen und Veränderungen herbeizuführen. So hat zunächst der Bürger und Konsument mit den ihm zur Verfügung stehenden Mitteln reagiert: Mit Konsumverzicht bei Aerosoldosen zum Beispiel, mit grossem Sammelfleiss bei Glas und Papier, mit einer Begünstigung ökologisch aufgeschlossener Parteien, mit medienwirksamen Aktionen, aber auch durch eine veränderte Erwartungshaltung gegenüber den Produkteherstellern. In der Folge waren die Politiker gefordert, die wiedergewählt werden wollten, und mussten entsprechende gesetzliche Massnahmen in Angriff nehmen. Angeführt von den Pionierunternehmungen, ist sich dann auch die Industrie ihrer Verantwortung bewusst geworden und hat damit begonnen, ihre Unternehmungspolitik und ihre Produkte zu verändern. Dies erfolgte nicht zuletzt auch zur Sicherung der langfristigen Marktchancen.

3. Das Vorgehen von Lever

Während in den sechziger und siebziger Jahren nur wenige Produktentwicklungen von Bedeutung erfolgten und Veränderungen in kleinen Schritten realisiert worden sind, hat in den achtziger Jahren, angesichts neuer Erkenntnisse über umweltrelevante Zusammenhänge und neuer technischer Möglichkeiten, ein eigentlicher Entwicklungsschub eingesetzt. Die Neuerungen, die zumeist von den marktstärksten Unternehmungen ausgegangen sind, haben in der Folge Auswirkungen auf den gesamten Waschmittelmarkt gehabt.

3.1 Die erste Entwicklungsphase

In den frühen sechziger Jahren mussten die Schaumberge in den Gewässern angegangen werden. So wurden in den Waschmitteln die harten Tenside, die zu Schaumbildungen auf Flüssen führten, durch besser abbaubare Rohstoffe ersetzt. Ende der siebziger Jahre ermöglichte der Einsatz von Bleichaktivatoren (TAED) die Reduktion der Waschtemperatur und damit einen schonenderen Umgang mit den Textilien, bei gleichzeitiger Reduktion des Wasser- und Energieverbrauchs. So wurden beispielsweise 1978 noch 36% aller Waschladungen gekocht. Zehn Jahre später war der Anteil der Kochwäsche auf 18% gesunken.

In den achtziger Jahren ist dann in den Wasch- und Reinigungsmitteln die breit eingesetzte waschaktive Substanz Nonylphenolethoxylat durch besser abbaubare Wirkstoffe ersetzt worden. Der vollständige Ersatz der Phosphate, die schon Jahre vorher stufenweise reduziert worden waren, erfolgte auf Grund einer Gesetzesvorschrift. Dank langjähriger, intensiver Forschungsarbeit konnte er ohne namhafte Qualitätseinbusse oder Preissteigerung vollzogen werden. In einem weiteren Schritt konnte Lever als erste Firma die ungenügend abbaubare waschaktive Substanz EDTA in allen Waschmitteln weglassen und durch besser verträgliche Substanzen ersetzen. Die Einführung der Flüssigwaschmittel, bei denen der Vorwaschprozess gänzlich wegfällt, zielte auf eine Reduzierung der Waschchemikalien. Das gleiche Ziel verfolgte auch die Propagierung von Buntwaschmitteln ohne Bleichmittel und ohne optische Aufheller sowie die Popularisierung der Baukastenmethode, die z.B. Bleichmittel nur nach Bedarf einsetzt.

3.2 Die zweite Entwicklungsphase

Im Zuge der ersten Entwicklungsphase hat somit das wachsende ökologische Problembewusstsein zu einer sukzessiven Verlagerung der Entwicklungsprioritäten für Waschmittel von der reinen Waschleistung auf eine stärkere Betonung der Umweltverträglichkeit geführt. Im Verlauf der achtziger Jahre hat sich Lever dann entschieden, die ökologische Herausforderung auf eine zielgerichtete und systematische Weise anzugehen. Zu diesem Zweck wurde der *Dialog* mit den relevanten Kreisen verstärkt, mit Wissenschaft, staatlichen Stellen, Konsumentenorganisationen und Ökoberatern. Ziel des Dialogs war es, die Suche nach einem Konsens im Hinblick auf die umweltrelevanten Kriterien für die Produktentwicklung und ökologische Fortschritte voranzutreiben.

Bei Lever wurde entschieden, Fortschritte zur Entlastung der Umwelt in erster Linie durch *Innovationen* zu erreichen und die dafür notwendigen Investitionen zu erhöhen. So ist für die Produktentwicklung das Ziel gesetzt worden, *Wirksamkeit und Umweltverträglichkeit* der Produkte möglichst optimal miteinander zu verbinden und Diskrepanzen zwischen ihnen zu minimieren. Bei den Verpackungen ging es darum, den Materialaufwand zu vermindern, das Recycling zu fördern oder Materialien zu verwenden, die sich ohne Probleme entsorgen lassen. Die explizite Verpflichtung zum Schutz der Umwelt ist in der Unternehmungspolitik fixiert worden, zusammen mit dem Bekenntnis, durch verantwortliches Handeln ein zuverlässiger Partner von Staat und Gesellschaft zu sein.

Im Sinne eines Leitbilds ist eine *Umweltpolitik* formuliert worden, die allen Geschäftsaktivitäten zugrunde liegt. Diese Umweltpolitik von Lever umfasst folgende Punkte:

a) Wir engagieren uns für die Schonung der Umwelt und beziehen die hierfür notwendigen Massnahmen in unsere Geschäftsaktivitäten mit ein.

b) Wir entwickeln unsere Produkte und Verpackungen mit dem Ziel, einen positiven Beitrag zur Lebensqualität zu leisten.

c) Wir vermeiden Substanzen und Herstellverfahren, welche die Umwelt schädigen.

d) Wir stellen sicher, dass unsere Produkte den bestehenden Vorschriften entsprechen. Wo nötig, setzen wir uns eigene, höhere Massstäbe.

e) Wir prüfen alle Produkte und Verpackungen durch das internationale Unilever Kontroll- und Genehmigungssystem, das sicherstellt, dass sie den generell akzeptierten Massstäben der Verträglichkeit für Mensch und Umwelt entsprechen.

f) Wir führen einen kontinuierlichen Dialog mit Experten und verantwortungsbewussten Organisationen in der Absicht, angemessene Normen und optimale Praktiken zu etablieren.

g) Wir versuchen das mögliche Dilemma des Konsumenten aufzulösen, der von uns sowohl wirksame, arbeitssparende und preiswerte als auch umweltverträgliche Produkte erwartet.

h) Wir veranlassen die notwendigen Schritte, die sicherstellen, dass diese Politik ein gelebter Teil unserer Unternehmungskultur wird.

4. Entwicklung und Einführung eines umweltschonenden Waschmittels neuen Typs

Das veränderte Umweltbewusstsein, andere Waschgewohnheiten und Schuldgefühle der Konsumenten bei der Verwendung von Waschmitteln haben den Ausschlag für die Entwicklung eines neuformulierten, umweltgerechten Waschmittels neuen Typs gegeben.

4.1 Eine veränderte Bewusstseinshaltung verlangt nach einem Waschmittel mit guter Wirksamkeit und optimaler Umweltverträglichkeit

Ein Indiz unter vielen für das rasche Anwachsen des Umweltbewusstseins in der Schweiz lieferte die Umweltstudie 1988 des Instituts für Marktanalysen. (IHA-Umweltstudie 1989) (Abbildung 27)

Der Anteil der als umweltbewusst eingestuften Haushalte war gemäss der IHA-Studie in der deutschen Schweiz 1988 auf 57% aller Haushalte angestiegen, während der Anteil der nicht umweltbewussten auf 26% und derjenige der indifferenten auf 17% abgesunken war. Die Studie belegte weiter, dass neben einer wachsenden Gruppe von generell Umweltbewussten, die erwarteten, Staat und Industrie müssten in erster Linie Umweltschutz betreiben, eine *Kerngruppe* von Haushalten auf rund ein Drittel angewachsen war, die eine Bereitschaft zum persönlichen Handeln und zu entsprechenden Einschränkungen dokumentierte. Sie zeigte aber auch, dass sich diese Kerngruppe auch in ihrem Einkaufsverhalten *effektiv anders verhielt* und z.B. weniger Aerosoldosen, weniger Haarsprays oder Wasserenthärter, jedoch mehr Trockendeos, mehr Feinwasch

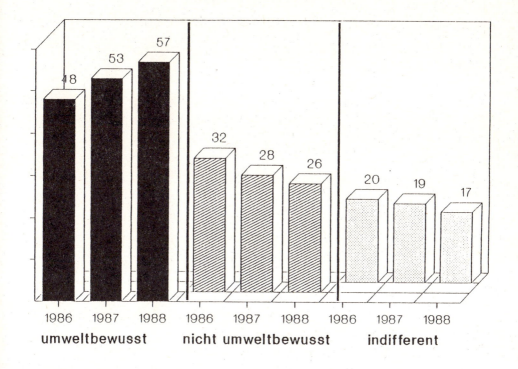

Abbildung 27: Umweltbewusstsein der Haushalte in der deutschen Schweiz. Angaben in Prozent aller Haushalte für die Jahre 1986-1988

mittel und mehr Mittel zur Vorbehandlung der Wäsche kaufte. Dies belegte einen bewussteren und gezielteren Produkteinsatz.

Neben den Werthaltungen und dem Kaufverhalten hatten sich aber auch die *Waschgewohnheiten* geändert. Neben den laufenden Marktbeobachtungen und -analysen wird im Auftrag der Lever-Marktforschung alle fünf Jahre eine breit angelegte Grundlagenstudie über das Konsumentenverhalten durchgeführt, die nicht nur das Ziel hat, den Ist-Zustand zu erfassen, sondern vor allem auch Veränderungen zu früheren Jahren zu dokumentieren und wesentliche Trends zu erkennen. Die 1988 erhobenen Daten zum Waschverhalten ergaben hier folgendes Bild:

a) Pro Jahr werden in der Schweiz ca. 400 Mio. Waschgänge in der Maschine und über 11 Mio. von Hand ausgeführt. Das sind pro Haushalt und Jahr im Durchschnitt 177 Waschgänge.

b) Der Anteil der Tieftemperaturwäsche ist stark gestiegen. Während sich ihr Anteil innerhalb von zehn Jahren verdoppelt hat, ist der Anteil der Kochwäsche stark zurückgegangen.

c) Es wird weniger vorgewaschen und die Wäsche wird vermehrt vorbehandelt.

d) Im Hinblick auf die Gewebearten haben die Baumwollartikel mit 65% Anteil ihre dominante Stellung noch weiter ausbauen können. Es zeigt sich auch eine Zunahme bei den Baumwoll-Mischgeweben, die auf ca. 25% angewachsen, während die reinen Synthetics auf weniger als 10% zurückgegangen sind.

Zur Klärung einer ganzen Reihe wichtiger Kommunikationsfragen ist eine neu konzipierte Untersuchungstechnik, das "Brand Image Engineering" (BIE), eingesetzt worden, die speziell dafür entwickelt worden ist: einen bestehenden Markt zu erfassen, Segmente zu identifizieren, die sich neu entwickeln oder die aus strategischen Überlegungen belegt werden sollten, eine Werbestrategie zu entwickeln oder festzulegen, eine Positionierung zu finden, die für die Lancierung oder den Relaunch eines Produktes geeignet ist oder das Potential und Konsumenteninteresse eines neu einzuführenden Produktes abzuschätzen. Aus der BIE-Studie 1988 gingen konkret folgende aufschlussreichen Ergebnisse hervor:

a) Es bestehen hohe Erwartungen der Schweizer Hausfrauen an ein Waschmittel bezüglich *Sauberkeit*. Zweitwichtigstes Kriterium ist die *Umweltverträglichkeit*. Die Konsumentin ist aber nicht bereit, zugunsten der Umweltverträglichkeit Abstriche beim Waschresultat zu machen und erwartet vom Produkt auch Farb- und Gewebeschonung.

b) Ein ideales Produkt aus Sicht der Konsumentinnen wäre ein Waschmittel, das umweltverträglich ist, *gleichzeitig* aber tadellos sauber wäscht. Bisherige Öko-Produkte zeichneten sich demgegenüber durch ein mangelhaftes Waschresultat aus, was zu Enttäuschungen bei den Konsumentinnen geführt hat.

c) Die Konsumentinnen befinden sich in einem *konstanten inneren Konflikt*. Sie haben auf der einen Seite Schuldgefühle gegenüber der Natur, wenn bei der Verwendung eines herkömmlichen Waschmittels die Sauberkeit betont wird. Auf der anderen Seite haben sie Schuldgefhle gegenüber der Familie, falls durch den Gebrauch eines Öko-Waschmittels die Umweltverträglichkeit betont, die Wäsche jedoch nicht sauber wird. Die Konsumentinnen möchten, dass dieses Schuldgefühl eliminiert wird. Sie wollen, mit anderen Worten, saubere Wäsche *und* ein reines Gewissen.

d) Es bestehen gute Marktchancen für ein neues Produkt, das beide Anforderungen - Sauberkeit und Umweltverträglichkeit - optimal auf sich vereinigen kann. *Natürliche Inhaltsstoffe* sind eine zentrale Anforderung an dieses Produkt und gleichzeitig auch eine gute Chance zur Differenzierung gegenüber herkömmlichen Vollwaschmitteln.

e) Der geprüfte *Markenname "Sunlight"* mit seiner Assoziation "Sonne" wirkt positiv in Richtung Vertrauen, Qualität und Sauberkeit. Er weckt auch Assoziationen zu Seife. Im Zusammenhang mit einem neuen Waschmittel wird Seife jedoch eher als unmodern qualifiziert.

f) Bezüglich der Kommunikation wurde empfohlen, *Umweltversprechen zu vermeiden*, weil diese mit einer schwachen Produktleistung in Zusammenhang gebracht werden könnten. Der Hinweis auf natürliche Inhaltsstoffe wäre hingegen als Begründung empfehlenswert.

Die Analyse aller vorliegender Daten führte somit zum Schluss, dass ein Bedürfnis für ein Waschmittel bestand, das beide Vorteile, Waschleistung und Umweltverträglichkeit, auf sich vereinigt. Es ging nicht um ein "Entweder-oder", sondern um ein "Sowohl-als-auch", wobei keine Nachteile bei der Verwendung entstehen durften. Der Entscheid bei Lever fiel deshalb für die Entwicklung eines Produktes neuen Typs. Er war eine Antwort auf das veränderte Konsumentenbedürfnis. Als Vorgabe für die Produktentwicklung wurde deutlich gemacht, dass es um die Entwicklung eines Waschmittels gehen musste, das eine bessere Kombination von Produktleistung und Umweltverträglichkeit als bei allen herkömmlichen Waschmitteln und Öko-Produkten erreichen musste. Es ging dabei um eine Waschleistung im Sinne eines "*So sauber wie nötig*", im Gegensatz zu den traditionellen Erwartungen eines "Weisser als weiss", gleichzeitig jedoch auch im Sinne eines "*So umweltschonend wie möglich*".

4.2 Das Sunlight-Waschsystem

Aus den langjährigen Versuchen zur Verbesserung der Umweltverträglichkeit resultierten Mitte der achtziger Jahre neue Formulierungs-Technologien, die es schliesslich ermöglichten, die gestellten Entwicklungsanforderungen zu erfüllen und ein praxisgerechtes Konzept zur Produktionsreife zu bringen. Das resultierende Produkt "Sunlight" war das Ergebnis einer Formulierungs-Technologie mit Substanzen, die auf natürlichen und erneuerbaren Rohstoffen basieren. Daraus resultierte eine neuartige Wirkstoffkombination, die sowohl eine gute Waschleistung erbringt als auch biologisch schneller und vollständiger abbaubar ist. Beide Forderungen waren somit erfüllt: Ein *gutes Waschresultat* und eine *gute Abbaubarkeit*, als wichtigstes Kriterium der Umweltverträglichkeit. Mit dieser Neuentwicklung ist es gelungen, kontrovers beurteilte Stoffe zu eliminieren, so dass im Hinblick auf die Ressourcenschonung und die Abbaubarkeit die bestehenden Produkte auf dem Markt übertroffen werden konnten. Sie gibt dem Konsumenten die Chance, sich beim Waschen umweltgerecht zu verhalten, ohne ein schlechteres Waschresultat in Kauf nehmen zu müssen.

Sunlight besteht aus zwei unterschiedlichen Komponenten: Zum einen aus einem *Basiswaschmittel* ohne Bleichmittel und ohne optische Aufheller, für den alleinigen Einsatz bei leicht bis normal verschmutzter Wäsche; zum anderen aus einem *Waschkraftverstärker* der bei stark verschmutzter Wäsche oder bei Flecken zugegeben wird. Die Anwendung des Waschsystems ist völlig unproblematisch. Sie verlangt vom Konsumenten lediglich, dass er die Wäsche nach Verschmutzungsgrad sortiert und die Wäschestücke zusammen wäscht, für die das Basiswaschmittel genügt, bzw. jene Wäschestücke, für die der Waschkraftverstärker erforderlich ist. Der Vorteil besteht darin, dass der Konsument nur soviele Wirkstoffe beimischen muss, wie für das gewünschte Resultat notwendig sind, während er sie weglassen kann, wo es sie nicht braucht. Damit wird eine Einsparung von Rohstoffen erzielt, aber auch von Energie, da der zur Fleckenentfernung notwendige Sauerstoff im Waschkraftverstärker schon bei tiefen Temperaturen aktiviert wird. Hierdurch kann auch bei starkem Schmutz auf das Waschen mit hohen Temperaturen verzichtet werden.

Die *Produkt-Zusammensetzung* beruht auf dem neuesten Stand technologischer Erkenntnisse. Bei maximaler Substitution herkömmlicher Inhaltsstoffe wird eine Vereinfachung der Formulierung erreicht. Es kommen nur solche Inhaltsstoffe zum Einsatz, die auf einer natürlichen Basis beruhen, die rasch und vollständig abbaubar sind und deren Auswirkungen auf die Umwelt genau bekannt und akzeptiert sind. Die Zusammensetzung des Produkts geht im einzelnen aus Abbildung 28 hervor.

Wie aber wird die Leistung von Sunlight im Hinblick auf die beiden Kriterien der Waschleistung einerseits und der Umweltverträglichkeit andererseits eingestuft? Trotz aller Vorteile bei der Umweltverträglichkeit musste die Konsumentenforderung nach sauberer und hygienischer Wäsche erfüllt sein. Der vor der Einführung durchgeführte Produkt-Test bei Konsumenten hat in bezug auf die *Waschleistung* folgendes ergeben: Im Hinblick auf die Bewertung mit dem Prädikat "Sehr gut" schneidet Sunlight gleich gut ab wie das führende Waschmittel auf dem Markt. Im Hinblick auf die Bewertung mit dem Prädikat "Ausgezeichnet" resultiert eine nur unwesentlich tiefere Einstufung. Und im Vergleich mit dem führenden Öko-Waschmittel auf dem Markt wird Sunlight wesentlich besser beurteilt.

Im Hinblick auf die *ökologische Leistung* ist neben der Rohstoffwahl die *biologische Abbaubarkeit* in Kläranlagen als zweitwichtigstes Umweltkriterium zu nennen. Die Abbaubarkeit von Sunlight geht aus den nachfolgend wiedergegebenen Ergebnissen einer Untersuchung der Eidgenössischen Materialprüfungs- und Forschungsanstalt (EMPA) hervor. (Abbildung 29)

Funktion	Inhaltsstoff	Herkunft/Vorkommen
Waschmittel		
Waschaktive Substanzen	Seife	Talg, Kokosöl
	Fettalkohol EO	Talg, Kokosöl
Wasserenthärter	Zeolith	Mineralien (Bauxit, Quarz)
	Citrat	Zitrusfrüchte
Waschalkalien	Soda	Kalkstein
	Wasserglas	Mineral (Silikat)
Fleckenentfernung (eiweisshaltig)	Enzyme	aus Gärungsprozessen
Geruchsverbesserer	Parfum	natürlich/naturidentisch
Waschkraftverstärker		
Sauerstoffaktivator	TAED	Erdöl-Derivat
Bleichmittel	Perborat	Mineral (Borax)
Stabilisator	Magnesium-Silicat	Mineral

Abbildung 28: Die Produkt-Zusammensetzung von Sunlight

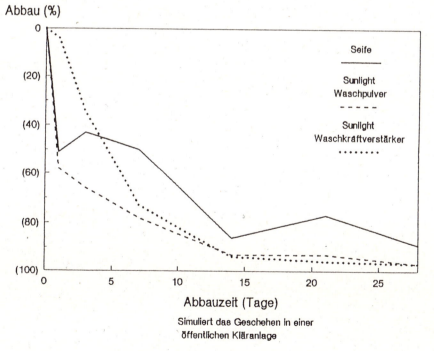

Abbildung 29: Abbaubarkeit von Sunlight-Waschpulver und Waschkraftverstärker im Vergleich mit Sunlight-Seife gemäss EMPA Test (OECD Methode 302B mit DOC-Analytik)

Die EMPA-Tests belegen, dass die Abbaubarkeit des neuen Produkts diejenige von Seife sogar übertrifft. Nach Beendigung der Abbauperiode bleiben nur reines Wasser, Kohlensäure und Spuren von Mineralien zurück. Die EMPA bezeichnete Sunlight deshalb als "gut abbaubar", eine Qualifikation, die auf der Packung und in der Information an die Konsumenten verwendet werden konnte.

4.3 Die Markt-Einführung von Sunlight

Die Vorstellung von Sunlight im *Handel* im ersten Quartal 1989 fand durchwegs Interesse und positive Reaktionen. Der Handel war offensichtlich daran interessiert, umweltgerechte Produkte zu fördern. So liess sich in kurzer Zeit eine gute Distribution im Handel aufbauen. Für die Vorstellung gegenüber den *Konsumenten* wurden zwei Schwerpunkte gesetzt: eine PR-Kampagne und eine Werbekampagne.

a) In einer Pressekonferenz wurde das neue Produkt vorgestellt und seine Entwicklungsgeschichte erläutert. Auf der Basis einer breiten Medienliste erfolgte dann der Versand einer Dokumentation an die Tages- und Wochenpresse, an Zeitschriften, Radio und Fernsehen. Mittels persönlicher Präsentationen, der Übergabe oder dem Versand von Produkt-Dokumentationen wurden anschliessend die "Opinion Leaders", d.h. Konsumenten-Organisationen, WWF, Kreis für ökologisches Waschen, Umweltberater der Gemeinden, Umwelt-Exponenten und Hauswirtschaftslehrerinnen über Sunlight orientiert. In der Folge wurden zahlreiche Rückfragen an die Entwicklungsabteilung oder den Lever Konsumenten-Beratungsdienst registriert.

b) Basierend auf den Empfehlungen der Brand Image Engineering Studie wurde für die *Werbung* ein Fernsehfilm und eine Zeitschriften-Anzeige gestaltet und eingesetzt. Inmitten eines Sonnenaufgangs präsentierte sich darin das neue Produkt. Das

Versprechen im Titel lautete: "Sauber waschen kraft der Natur". Auf die Umweltverträglichkeit erfolgte kein direkter Hinweis. Vielmehr sollte dies implizit durch den Gesamteindruck und die Anmutung erfolgen. Die Natürlichkeit wurde somit als "Reason why" eingesetzt.

Eine sorgfältige Analyse des Erfolgs dieser Massnahmen, sechs Monate nach der Markteinführung, ergab folgende *Erkenntnisse*:

a) Die Reaktionen bei Umwelt-Interessierten, Konsumentenorganisationen und Opinion-Leaders waren äusserst positiv. 50% der Hauswirtschaftslehrerinnen forderten ein Produktmuster an. Es gab jedoch mit Ausnahme des WWF wenig aktive Unterstützung aus Ökokreisen und den entsprechenden Medien. Es wurde wiederholt betont, Sunlight müsse mit genügend Werbung und einer klaren Kommunikation der Umweltvorteile unterstützt werden, damit die Neueinführung nicht zu einer erfolglosen Alibiübung werde.

b) Der Widerhall in den Massen-Medien war gut. Das Fernsehen präsentierte das Produkt im Rahmen eines Vergleichstests in dem kritischen Konsumentenmagazin "Kassensturz".

c) Die praktischen Erfahrungen der Verwender waren sehr gut. Die Waschleistung erfüllte die hohen Erwartungen der Konsumenten an ein Qualitäts-Waschmittel. Die in der Testphase vor der Einführung vorhandenen Zweifel bezüglich Waschleistung wurden durch den Gebrauch des Produkts weitgehend beseitigt. Nur bezüglich der Entfernung von wirklich hartnäckigen Flecken blieben vereinzelt Bedenken bestehen. Testergebnisse zeigten auch, dass das Produkt eine überdurchschnittlich hohe Wiederkaufrate erzielte, wenn die Konsumentinnen das Produkt erst einmal ausprobiert hatten.

d) Man erreichte aber generell zu wenig Erstkäufer, was auch erklären könnte, warum die anfängliche Begeisterung des Handels abflaute. In denjenigen Handelskanälen, die Sunlight aktiv unterstützten, erzielte das Produkt gute Abverkäufe und dementsprechend gute Marktanteile.

e) Die Werbung funktionierte nicht im erwarteten Masse. Die Bekanntheit baute sich nur langsam auf. Die Identifikation der Produktkategorie war ungenügend und beim Produktversprechen fehlte offensichtlich der rationale "Reason why". Die Kampagne erzielte insgesamt nur *mässige Abverkäufe*.

Was waren die Gründe für diese teilweise überraschenden und auch enttäuschenden Ergebnisse? Die Kommunikation der besonderen Umwelt-Vorteile von Sunlight durch die visuellen Mittel "Natur" und "Sonnenaufgang" erfolgte nicht wie erwartet. Seife als Referenz für Abbaubarkeit weckte vorwiegend negative Assoziationen wie "alt", "schwache Leistung", "Seifenläuse" etc. Und der wichtigste Umweltvorteil, die Abbaubarkeit, wurde nicht klar genug kommuniziert. Woran liegt dies? Die Abbaubarkeit vermittelt der Konsumentin keinen funktionalen Nutzen wie die Sauberkeit der Wäsche, die persönlich überprüfbar und erlebbar ist, sondern stellt eher einen *psychologischen Nutzen* dar. Er befreit die umweltbewusste Konsumentin von ihrem schlechten Gewissen. Was sie diesbezüglich sucht, ist die glaubwürdige Versicherung, dass das Produkt auch tatsächlich abbaubar und damit umweltfreundlich ist. Hierfür eignete sich das Urteil der EMPA als einer anerkannten öffentlichen Institution zur Vertrauensabstützung.

Auf Grund dieser Analyse wurde beschlossen, eine neue Werbekampagne zu gestalten und einzusetzen, die ein völlig anderes Auftreten haben sollte. Sie sollte das Konzept "Sauberkeit, Natürlichkeit, Abbaubarkeit" klar und deutlich kommunizieren und eine gute Produkt-Identifikation erreichen. Die von der Werbeagentur ausgearbeiteten Konzepte wurden in einem Konzept-Test geprüft. Die Resultate ergaben, dass auch für ein Waschmittel neuen Typs wie Sunlight einzelne in der traditionellen Waschmittel-Werbung gewohnte Elemente zum Einsatz kommen mussten, dass die Sauberkeit als Waschresultat ein notwendiger Bestandteil der Botschaft sein musste und die Abbaubarkeit durch Nennung der EMPA-Tests als glaubwürdiger Autorität kommuniziert werden sollte.

Das gewählte Konzept "Mutter und Töchter", eine Alltagssituation, in der sich zwei Töchter über die Umweltproblematik beim Waschen streiten und von der Mutter, die Sunlight verwendet, versöhnt werden, ist in einen TV-Spot umgesetzt worden. Er sollte kommunizieren: Natürlichkeit, Umweltversprechen, Waschresultat. Der Pre-Test ergab eine überdurchschnittlich spontane Erinnerung an die Marke Sunlight bei 84% und die Produktkategorie Waschmittel bei 90% der Befragten, eine sehr deutliche Kommunikation der Umweltfreundlichkeit bzw. Abbaubarkeit bei 80%, eine mittlere Kommunikation der Sauberkeit bei 58% sowie eine überdurchschnittliche Kaufbereitschaft bei mehr als zwei Drittel der Befragten und bei vier Fünftel der Umweltbewussten. Diese neue TV-Kampagne ist anfangs 1990 zum Einsatz gelangt. Im Sinne eines ermutigenden Zwischenergebnisses lässt sich Mitte 1990 ein positiver Trend der Verkäufe feststellen und es bestehen klare Anzeichen für ein vitales Potential. Es ist jedoch eine langsame Entwicklung, die weiterhin grosser Marketing-Anstrengungen bedarf.

5. Ökologisch orientierte Weiterentwicklung bestehender Produkte

Ein wichtiger Investitionsbereich, neben den Neuentwicklungen, ist die permanente Verbesserung und Optimierung der Umweltverträglichkeit der im Markt bereits erfolgreich etablierten Marken. Die Verbesserung geht dabei in zwei unterschiedliche Richtungen: Reduzierung des Pulvervolumens auf der einen Seite und Verminderung des Verpackungsvolumens auf der anderen Seite.

5.1 Ökologische Vorteile durch Halbierung des Pulvervolumens

Ein Beispiel für die Reduzierung des Pulvervolumens ist das anfangs 1990 lancierte Produkt Radion Micro. Dabei handelt es sich um ein neu formuliertes Vollwaschmittel in konzentrierter Form, das sowohl Anwendungs- als auch ökologische Vorteile bietet. Durch eine weitgehende *Konzentration* kann die Waschmittelmenge um rund 50% reduziert werden. Erreicht worden ist dies durch eine Konzentration der Wirkstoffe und ein neues Herstellungsverfahren. Dieses ermöglicht auf die Füllstoffe, den Sulfatzusatz, zu verzichten. Trotz der Halbierung der Waschmittelmenge müssen beim Waschresultat keine Konzessionen gemacht werden. Die patentierte Produktformel gewährleistet eine tadellose Sauberkeit und eine vollständige Entfernung der im Gewebe unsichtbaren Geruchsbakterien. Mit dem neuen Produkt entfällt das Vorwaschen, was Zeit, Strom und Wasser einspart. Zudem wird das Micro-Pulver mit Hilfe einer weichen, wäscheschonenden Dosierkugel ohne Verluste direkt in die Waschtrommel gegeben, wodurch gezielter und ökonomischer dosiert wird.

Das neue Produkt leistet durch die Reduzierung der Waschmittelmenge und Optimierung der Wirkstoffkombination einen Beitrag zur Entlastung der Umwelt. Es senkt auch Energie- und Wasserverbrauch, reduziert den Verpackungsaufwand und erleichtert den Transport. An Stelle der bisherigen Grosspackungen mit einem Gewicht von 5 kg genügt nunmehr ein Gewichtsinhalt von 2,8 kg bei gleicher Waschleistung und unverändertem Preis. Es ist zu erwarten, dass diese Produktform auf dem Schweizer Markt eine zunehmende Bedeutung erlangen wird, zumal diese Produktform auch von Konkurrenten angeboten wird. In einem zweiten Schritt ist auch für das marktführende Waschmittel Omo eine Konzentrat-Variante entwickelt worden.

5.2 Weniger Materialaufwand und Abfall durch neue Nachfüllpackungen

Mit der Einführung einer neuen Verpackungsform für die Produkte Radion Flüssig und Comfort Concentrat im Herbst 1989 wird das Ziel verfolgt, die derzeit umweltgerechteste Lösung in bezug auf Materialeinsparung, Abfallreduzierung, Wiederverwertung und Entsorgung zu realisieren. Wegen des hohen Materialbedarfs haben Verpackungsfragen bei den Wasch- und Reinigungsmitteln, aber auch bei den Gewebeveredlern eine besondere Bedeutung. Fortschritte durch Verringerung des Packungsaufwands sind bereits vorher beim Gewebeveredler Comfort durch Konzentrierung des Produkts erreicht worden. Und eine bessere Entsorgung ist durch den vollständigen Ersatz der PVC-Flaschen durch PE- und PET-Flaschen erzielt worden. Durch die Entwicklung einer Nachfüllpackung konnte hier ein wichtiger Schritt nach vorne getan werden.

Der neue Verpackungstyp ist in einem mehrstufigen Prozess in Zusammenarbeit mit einem Verpackungs-Hersteller entstanden. Die Verpackung besteht aus 2 Komponenten: Einer Karton-

Faltschachtel als Aussenhülle, die der Verpackung Form und Stabilität gibt, und einem extradünnen PE-Schlauch. Der Innenschlauch weist keine Längsnaht auf, wodurch die sonst bei der Kreuzung von Längs- und Querschweissnaht entstehenden Dichtigkeitsprobleme vermieden werden. Die Verpackung wird in flachem Zustand platzsparend angeliefert. Aussenfaltschachtel und Innenschlauch sind so miteinander verbunden, dass zum Ausgiessen ein Schnabel entsteht, der ein bequemes, präzis dosierbares und vollständiges Entleeren ermöglicht.

Die Kartonhülle wird aus 80% Altpapier hergestellt. Eine wesentliche Einsparung wird beim PE-Material erreicht. Ein direkter Vergleich zwischen der Zweiliter-PE-Flasche und der Nachfüllpackung macht diese Einsparung deutlich: Beträgt der Materialaufwand bei der Erstpackung noch 105 g, so genügen für die Nachfüllpackung 13 g PE. Gegenüber der Erstpackung werden somit nahezu 90% PE-Material eingespart. Nach dem Entleeren der Nachfüllpackung können Karton und Schlauch leicht voneinader getrennt und separat entsorgt werden. Die Kartonhülle kann zum Altpapier gegeben und somit wiederverwertet werden. Der PE-Innenbeutel kommt in den Kehricht. Bei dessen Verbrennung fallen lediglich Wasser und Kohlensäure an. Der Konsument wird durch einen entsprechenden Packungsaufdruck über die Form der Entsorgung instruiert.

Die Öko-Bilanz der neuen Verpackung belegt, dass neben der problemlosen Entsorgung auch bei der Produktion eine erhebliche Reduktion der Umweltbelastung erreicht wird. (Abbildung 30)

Aus der Öko-Bilanz geht hervor, dass der relative Energieverbrauch der Nachfüllpackung gegenüber der Erstpackung - deren Vergleichswerte mit 100% beziffert werden - nur 40% beträgt, bei der relativen Luftbelastung sind es 58% und beim Wasserverbrauch sind es 66%. Die relative Umweltbelastung

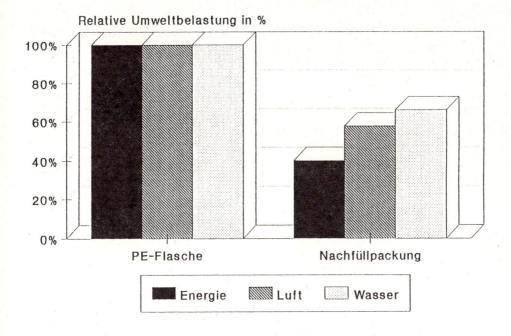

Abbildung 30: Ökobilanz der Nachfüllpackung im Vergleich zur Erstpackung (PE-Flasche) (Quelle für die Basisdaten: BUS 1984)

der Nachfüllpackung ist somit im Hinblick auf alle drei Dimensionen deutlich tiefer als die Erstpackung.

Im weiteren bringt die rechteckige, stabile Form dieser Verpackung, die weder vorstehende Teile noch einen Ausguss aufweist, dem Hersteller sowie dem Handel Vorteile in bezug auf Lagerhaltung, Transport und Platzausnutzung. Die Packung ist allseitig bedruckbar, was eine gute Präsentation am Point of Sale ermöglicht. Die neue Packungsform ist durch PR und Werbung unterstützt worden, was wir nicht nur aus Sicht der Absatzförderung als notwendig erachtet haben, sondern auch deshalb, weil bei den Konsumenten eine Änderung der bisherigen Einkaufs- und Verwendungs-Gewohnheiten erreicht werden soll. Als *Ergebnis* der Lancierung der neuen Nachfüllpackung lässt sich heute festhalten:

a) Die Markt-Akzeptanz ist sehr gut. Sie wird unterstützt durch ein breites Presseecho.

b) Positive Reaktionen sind von Umwelt- und Abfall-Beratern sowie von Verbraucher-Beratungen gekommen, die mehrheitlich bestätigt haben, dass auf Konsumentenseite die *Abfallverminderung* als Umweltvorteil *höher bewertet* wird als die Ressourcenschonung. Die Tatsache der Rohstoffeinsparung bei der Herstellung ist für den Konsumenten offenbar weiter entfernt und schwieriger nachzuvollziehen. Daraus kann gefolgert werden, dass bei Konsumgütern diejenigen Umweltmassnahmen das grösste Erfolgspotential haben dürften, die leicht zu erkennen sind und im Idealfall auch mit einem persönlichen Nutzen wie der Verminderung der Abfallgebühren verbunden sind.

c) Es gibt zahlreiche Indikatoren, die darauf schliessen lassen, dass Nachfüllpackungen in den verschiedensten Produktgebieten ein bedeutendes Entwicklungspotential aufweisen. Eine grössere Verbreitung setzt jedoch auf Verbraucherseite ein verändertes Einkaufs- und Verbrauchsverhalten voraus. Ein entsprechender Lernprozess muss auch von Herstellerseite durch Kommunikationsmittel unterstützt und gezielt gefördert werden.

Doch auch die Nachfüllpackung kann nur als eine Zwischenstation in der Entwicklung noch umweltfreundlicherer Waschmittelverpackungen angesehen werden. Eine weiter optimierte und ausgereifte Verpackungslösung wird bereits im Herbst 1990 unter der Bezeichnung *"Ecobox"* die bestehenden Nachfüllpackungen für Flüssigwaschmittel ersetzen. Durch das Anschweissen eines einfachen Drehverschlusses an den Innenbeutel und dessen Fixierung im Aussenkarton ist eine Verpackungslösung marktreif entwickelt worden, die den Bedürfnissen von Konsumenten und Handel nach Bequemlichkeit entspricht und ökologisch noch günstiger ist.

6. Folgerungen für ein ökologisch bewusstes Marketing

Eine Anzahl von Schlussfolgerungen aus den gemachten Erfahrungen sollen abschliessend gezogen werden:

a) Die von verschiedenen Seiten geäusserte Forderung, unsere Wirtschaftsordnung müsse sich von einer sozialen zu einer *sozialen und ökologischen Marktwirtschaft* weiterentwickeln, können wir voll unterstützen. Hierbei handelt es sich zweifellos um einen langfristigen Prozess, der durch kleine Schritte und gelegentliche Rückschläge gekennzeichnet sein wird. Überzeugt sind wir jedoch davon, dass sich das *künftige Marktgeschehen und der Wettbewerb* noch sehr viel stärker nach *ökologischen Gesichtspunkte*n ausrichten wird als dies heute bereits der Fall ist.

b) Ökologische und ökonomische Zielsetzungen lassen sich längerfristig erfolgreich miteinander vereinen. Hierzu muss man jedoch bereit sein entsprechende *Investitions-Vorleistungen* zu erbringen.

c) Wir müssen daran interessiert sein, die unternehmerische Freiheit zu erhalten und alles zu vermeiden, was sie einschränken könnte. So führen Verdrängungs- und Verharmlosungstaktiken gegenüber ökologischen Problemen nur zur Verhärtung der Fronten und zu vermehrten staatlichen Eingriffen. Wir halten viel von einer *offenen Kooperation mit dem Gesetzgeber und anderen interessierten Kreisen.* Round Table-Gespräche mit staatlichen Stellen, Wissenschaftlern, Umweltexponenten, Umweltberatern, Konsumentenberatern und - von Fall zu Fall - der Konkurrenz haben sich hier als zweckdienlich erwiesen.

d) Es hat sich bestätigt, dass auch Umweltpolitik in der Unternehmung von der Geschäftsleitung, also *von oben nach unten* durchgesetzt werden muss.

e) Wir haben im Rahmen der Marktbeobachtung damit begonnen die *Motivforschung*, z.B. durch das Mittel der Brand Image Engineering Studien, weiter auszubauen. Wir wollen dadurch gesellschaftliche Veränderungen, Wandlungen des Wertsystems der Verbraucher und Bedürfnisveränderungen früher erkennen. Dazu gehört auch das Bemühen, auf Kritik sensibler zu reagieren. Andererseits sehen wir es auch als unserer Aufgabe an, Demagogen und Fehlinformationen entschieden entgegen zu treten.

f) Wir haben gelernt, dass PR sehr sorgfältig im Sinne einer *vorgängigen, objektiven Orientierung der Öffentlichkeit* eingesetzt werden muss und nicht als eine Flickmassnahme, wenn Geschirr zerbrochen ist oder wenn man sich zu einer öffentlichen Rechtfertigung genötigt sieht. Zu dieser Öffentlichkeitsarbeit gehört auch der Dialog mit den verschiedenen Gruppierungen der Gesellschaft. Hierbei ist die Bereitschaft erforderlich auch über *ungelöste Probleme* offen zu sprechen. Dies verlangt nach einer Überwindung der Gewohnheit, Probleme oder Fehler nicht eingestehen zu können. In das gleiche Kapitel gehört für uns, dass wir es als nötig erachten, die eigene Werbung hin und wieder auf *überholte Versprechen* zu überprüfen.

g) Es scheint uns schliesslich wichtig, dass diejenigen Unternehmungen und Länder, in denen das Umweltbewusstsein am weitesten fortgeschritten ist, ihre *Erfahrungen weitertragen*. Bei Lever haben wir gemeinsam mit unseren ausländischen Schwester-Gesellschaften eine multinational zusammengesetzte Arbeitsgruppe gebildet, die umweltbezogene Strategien erarbeitet und entsprechende Massnahmen in den jeweiligen Märkten verwirklicht. Diese internationale Zusammenarbeit erweist sich als sehr nützlich für den Informations- und Erfahrungsaustausch und ist eine wesentliche Unterstützung zukünftiger umweltbezogener Aktivitäten.

Lernprozesse in der Kommunikation über Umweltfragen

Erfahrungen aus der chemischen Industrie

Klaus von Grebmer

1. Grundlegende Fragen an die Adresse der Unternehmungen

Die chemische Industrie wird seit einiger Zeit bereits mit sehr grundlegenden Fragen konfrontiert: Fragen nach ihrer Verantwortung gegenüber Mensch und Umwelt, Fragen nach dem Nutzen und den Nebenwirkungen ihrer Produkte sowie Fragen nach dem Verhältnis von Sicherheit und Risiko in ihrer Produktion. Diese Fragen werden zumeist in der Öffentlichkeit aufgeworfen, sie beschäftigen jedoch gleichermassen auch die eigenen Mitarbeiterinnen und Mitarbeiter. Es sind Fragen, die die Existenzberechtigung der Unternehmung und damit auch die Grundlagen der unternehmerischen Tätigkeit berühren. Noch werden diese Fragen mit grösserem Nachdruck an die Chemie als an andere Branchen gerichtet. Es besteht jedoch kein Zweifel, dass sie sehr bald schon an die Adresse der Unternehmungen *aller Industriezweige* gerichtet werden.

Wertewandel und Paradigmawechsel sind heute mehr als nur Schlagworte eines atemlosen Zeitgeists. Sie bezeichnen vielmehr zutreffend, was sich vor unser aller Augen abspielt. Übliche

Verhaltensregeln, bestehende Sitten und Bräuche werden fragwürdig. Etablierte Institutionen und Autoritäten verlieren ihre Glaubwürdigkeit und ihre Berechtigung. Die Gesellschaft befindet sich in einem fundamentalen Wandel. Sie ist auf der Suche nach der Rechtfertigung alter und der Begründung neuer Werte und Normen. Das Bild dieses Wandels grundlegender gesellschaftlicher Werte geht aus der nachfolgenden Abbildung hervor.

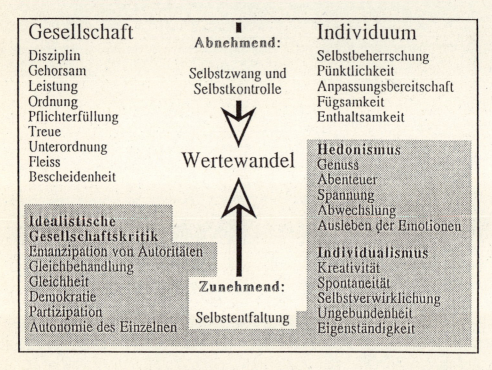

Abbildung 31: Der Wandel grundlegender gesellschaftlicher Werte

Die Abbildung verdeutlicht wie sowohl auf seiten der Gesellschaft insgesamt als auch auf seiten des Individuums die traditionellen "bürgerlichen" Tugenden der Selbstbeherrschung und Selbstkontrolle (weisser Bereich; von oben nach unten)

abgenommen haben, während die neuen Werte der Selbstentfaltung und Selbstverwirklichung (grauer Bereich; von unten nach oben) eine zunehmende Bedeutung erlangt haben. Im Zusammenhang mit diesem Wertewandel erhalten auch Fragen der Einstellung gegenüber neuen Technologien und dem Umweltschutz veränderte Prioritäten. Unternehmungen, die diesen gesellschaftlichen Wandel als Bedrohung sehen, werden über kurz oder lang selber grosse Probleme haben. Unternehmungen können ihre Zukunft nur sichern, wenn sie diesen Wandel als eine Herausforderung und als Chance zu begreifen vermögen.

Nur die Unternehmungen, die dies schaffen, werden auch in Zukunft noch gesellschaftlich integriert und wirtschaftlich erfolgreich sein: Die unternehmerische Zukunftssicherung hat damit neben der wirtschaftlichen noch eine *gesellschaftliche Dimension* bekommen. Ganze Bibliotheken sind gefüllt mit Büchern und Beiträgen über die Voraussetzungen des wirtschaftlichen Erfolgs. Wie aber die kritisch gewordene gesellschaftliche Integration sichergestellt werden kann, welche Fragen man sich hier stellen muss, welche Gruppen hieran beteiligt sind und wie dabei vorzugehen ist, findet erst seit jüngster Zeit die Aufmerksamkeit der Wirtschaftswissenschaften. (Dyllick 1989)

Die *Fragen*, mit denen sich die Unternehmungen und ihre Führungskräfte auseinandersetzen müssen, um ihre gesellschaftliche Integration zu sichern, betreffen die grundlegenden Motive und Ziele ihres Tuns, das was sie hierdurch erreichen können und wollen, aber auch das, was unerreichbar ist. Insbesondere handelt es sich um drei fundamentale Fragen, mit denen sich die Führungskräfte heute auseinanderzusetzen haben: (Bernet 1988)

- Worin bestehen die grundsätzlichen *Werte* unseres Handelns?
- Welches sind die *Ziele* unserer Tätigkeit?
- Welche *Strategien* verfolgen wir, um diese Ziele zu erreichen?

An der Beantwortung dieser Fragen sind Gruppen mit ganz unterschiedlichen Ansprüchen an die Unternehmung stark interessiert. Diesen *Anspruchsgruppen* gegenüber besteht deshalb auch ein entsprechender Kommunikationsbedarf:

a) *Mitarbeiter und Mitarbeiterinnen*, die sich die Frage stellen, ob das, was ihre Unternehmung tut oder eben unterlässt mit ihren eigenen moralischen Wertvorstellungen zu vereinbaren ist.

b) Externe Gruppen, die zwar nicht auf der Lohn- und Gehaltsliste der Unternehmung stehen, die aber wirtschaftlich direkt mit ihr verbunden sind. Hierunter fallen *Kunden, Lieferanten, Verbraucher* und *Aktionäre*.

c) Externe Gruppen, die mit der Unternehmung nicht wirtschaftlich direkt verbunden, jedoch durch die Auswirkungen ihrer Tätigkeit zumindest indirekt betroffen sind. Hierzu zählen, neben anderen, *Bürgerinitiativen, Selbsthilfe-* und *Umweltgruppen*.

Die Beantwortung dieser Fragen findet jedoch immer in einem bestimmten gesellschaftlichen *Meinungs- und Erwartungsklima* statt, das heute ganz anders aussieht als noch vor einigen Jahren. Dieses geht sehr deutlich aus Abbildung 32 hervor, in der die Image-Charakteristika der deutschen chemischen Industrie wiedergegeben sind.

Das Image der deutschen chemischen Industrie in der Bevölkerung lässt sich demnach als ausgesprochen zwiespältig charakterisieren: Die Industrie wird auf der einen Seite als wichtig für den wissenschaftlichen und technischen Fortschritt gesehen, für die Erhaltung der Lebensqualität sowie für die Sicherung von Wirtschaftskraft und Arbeitsplätzen in der Zukunft. Die Bevölkerung ist aber auf der anderen Seite der Meinung, dass die chemische Industrie die Öffentlichkeit nicht sachlich über ihre Tätigkeit informiert, dass die Schutz- und Si-

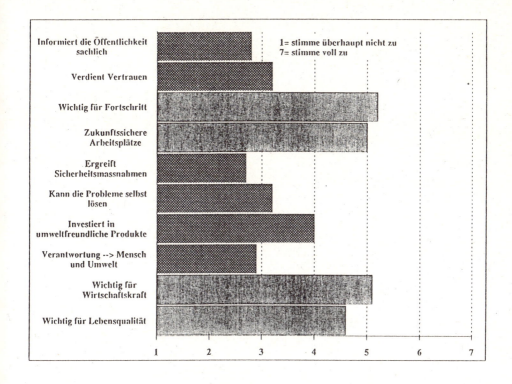

Abbildung 32: Image-Charakteristika der deutschen chemischen Industrie im Jahre 1986

cherheitsmassnahmen nicht ausreichend sind und dass sie ihre Verantwortung gegenüber Mensch und Umwelt nur unzureichend wahrnimmt. Meinungsbefragungen in anderen Industrieländern kommen seit mehreren Jahren zu gleichen Ergebnissen. Hieraus wird deutlich, dass das *Vertrauensverhältnis* zwischen Bevölkerung und chemischer Industrie *nachhaltig gestört* ist. Manche Beobachter sehen in der Rheinkatastrophe nach dem 1. November 1986 eine der Hauptursachen dieses Vertrauensver-lusts. Andere meinen, dass diese Katastrophe ein bereits chronisch gestörtes Verhältnis nur akut offengelegt habe.

Unabhängig von den Ursachen und der Dauer dieses Zustands, muss Kommunikation mit der Öffentlichkeit von der hiermit angedeuteten Situation ausgehen. Diese macht zumindest zweierlei deutlich:

a) Das Meinungsklima ist weniger geprägt durch Informationsdefizite als durch *Irritation* und *Angst* vor den Folgen der Chemie. Simplifizierende Image-Kampagnen und vierfarbige Goodwill-Serien helfen deshalb hier auch nicht weiter. Die Bevölkerung muss vielmehr sowohl über Nutzen und Bedeutung von Produktion und Produkten als auch über ihre Risiken, Umweltbelastungen, Nebenfolgen und noch ungelöste Probleme aufgeklärt werden. Gefordert ist Offenheit und Ehrlichkeit: Dann braucht die Industrie auch nicht mehr um Vertrauen zu *werben* werben, sondern *schafft* Vertrauen.

b) Die Chemiediskussion spielt sich in einem *kontrovers strukturierten Meinungsfeld* ab. Zwei konträre Positionen stehen einander gegenüber: Das Produkt wird gebraucht, die Produktion aber gefürchtet; Arbeitsplätze auf der einen Seite, Gesundheit auf der anderen. In einer solchen Situation muss die chemische Industrie ein Kommunikationskonzept anbieten können, welches auf die Gegenpositionen der Umweltschützer und Kritiker eingeht. Die chemische Industrie muss sich umstrittenen und unbequemen Themen in der öffentlichen Diskussion stellen. Argumente, die sich auf Sachzwänge berufen, bewirken nur Negatives. Sie bestätigen die gefürchtete Zwangsläufigkeit einer technisch bestimmten Welt, in der es auf Entscheidungen von Menschen nicht mehr ankommt, weil sie wegen dieser Sachzwänge gar nicht mehr möglich sind.

2. Tiefgreifende Wandlungen in der Gesellschaft

Um das gestörte Vertrauensverhältnis zwischen Öffentlichkeit und chemischer Industrie begreifen zu können, muss die gesellschaftliche Entwicklung der letzten beiden Jahrzehnte betrachtet werden. Noch bis weit in die sechziger und siebziger Jahre hinein war der Glaube an Wissenschaft und Technik noch ungebrochen. Es herrschte die Meinung vor, dass die Produkte der chemischen Industrie einen hohen und erwünschten gesellschaftlichen Nutzen stifteten. Über Risiken, Nebenwirkungen und Umweltbelastungen wurde - zumindest in der Öffentlichkeit, d.h. unter Laien - kaum gesprochen. Gleichermassen war das Vertrauen der Bevölkerung in die Wissenschaft und ihre Experten gross. Deren Meinung wurde hoch geachtet, ihre Entscheidungen in der Regel widerspruchslos akzeptiert. Wir hatten es mit einer mehr und mehr von speziellem Fachwissen geprägten Wissenschaftswelt zu tun, in der der Laie immer weniger, der Spezialist immer mehr mitredete. Auch die Berichterstattung in den Massenmedien über technisch-wissenschaftliche Fragen war in den meisten Fällen positiv, oft sogar voller Bewunderung, weil die Fortschritte akzeptiert und beeindruckend waren.

Es erstaunt daher nicht, dass in diesen Jahren die chemische Industrie ein sehr gutes Image in der Öffentlichkeit hatte. Die Ergebnisse ihrer intensiven Forschung waren imponierend. Immer neue chemische Produkte für unterschiedlichste Amwemdimgsbereiche des täglichen Lebens wurden entwickelt, therapeutische Durchbrüche gelangen bei Arzneimitteln, immer wirkungsvollere Mittel gegen Insekten und Unkräuter wurden in kurzen Abständen eingeführt. Umfragen aus den sechziger Jahren belegen deshalb auch einen - aus heutiger Sicht - fast naiven Fortschrittsglauben: 1980 werde die allgemeine Lebenserwartung 80 Jahre betragen, die Krankheit Krebs werde ausgelöscht sein und niemand auf der Welt werde mehr Hunger leiden müssen.

Die Öffentlichkeitsarbeit der chemischen Unternehmungen in diesen Jahren ist vor dem Hintergrund dieses gesellschaftlichen Umfelds zu sehen. *Echte Kommunikation fand kaum statt.* Die Unternehmungen informierten vielmehr über immer neue Leistungen und Fortschritte, die von der breiten Öffentlichkeit begeistert aufgenommen wurden. Die Informationspolitik war so gestaltet - und dies ist im wesentlichen auch heute noch so - dass fast ausschliesslich über Nutzen, Vorteile und positive Wirkungen berichtet wurde. Die angebotenen Produkte und Problemlösungen versprachen eine schöne, gesunde und heile Welt. Von den Belastungen, Belästigungen und den Risiken durch Produktion und Produkte wurde nicht gesprochen. Dadurch wurde aber ein öffentliches Bewusstsein geformt, dem die Wirklichkeit nicht entsprach. Und als die Öffentlichkeit aufgrund von Unfällen und Ereignissen die Wirklichkeit mit einem Mal zur Kenntnis nehmen musste, fühlte sie sich getäuscht und betrogen. Aber der Nährboden für diese Vertrauensverluste und Skandale war viel früher und unter aktiver Mitwirkung der chemischen Industrie geschaffen worden. Prof. Georges Fülgraff, ehemaliger Vizepräsident des deutschen Bundesgesundheitsamts, drückt dies folgendermassen aus:

"Nur in einer vorgeblich heilen Welt, in der die wichtigsten Entscheidungen immer hinter verschlossenen Türen fallen, geraten Probleme schnell zu Skandalen. Wer dem Bürger die heile Welt vormacht, darf sich nicht wundern, wenn bei jedem Vorkommnis auch gleich eine Welt zusammenbricht. Risikobewusstsein und Risikobereitschaft setzen Information und Offenheit voraus."

Die Arbeiten und Publikationen des "Club of Rome" anfangs der siebziger Jahre leiteten den Beginn eines tiefgreifenden gesellschaftlichen Wandels ein. Sie machten die gesellschaftlichen Kosten eines unbegrenzten Wachstums transparent: Irreparable Umweltschäden, Raubbau an nicht-erneuerbaren Ressourcen und Störungen lebenswichtiger ökologischer Kreisläufe waren nicht mehr zu übersehen. Die Skepsis gegenüber einem ungezügelten Fortschritt wuchs. Oder besser gesagt: Es bildete sich ein wachsendes Bewusstsein gegenüber den mit dem Fortschritt verbundenen *Risiken* heraus. Wie in der Bundesrepublik Deutschland durchgeführte Umfragen ergaben, sieht 1986 eine knappe Mehrheit der Bevölkerung im technischen Fortschritt in erster Linie Gefahren. Zehn Jahre vorher sah eine deutliche Mehrheit noch primär den Nutzen. Dieser Wandel kann nicht ohne weitere Auswirkungen bleiben.

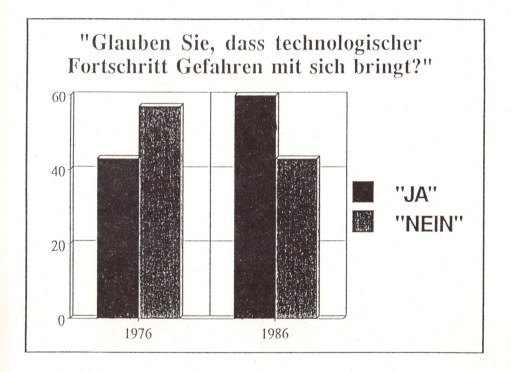

Abbildung 33: Veränderte Wahrnehmung der Gefahren des technologischen Fortschritts

3. Unternehmerische Zukunftssicherung durch Kommunikation

Eine Auswirkung des tiefgreifend veränderten gesellschaftlichen Umfelds und der Erwartungen an die Unternehmungen muss in einer revidierten unternehmerischen Verantwortungskonzeption liegen. Eine andere Auswirkung betrifft die Notwendigkeit der Entwicklung einer eigentlichen Unternehmungsidentität und deren Vermittlung mit Hilfe eines entsprechenden Kommunikationskonzepts. Es soll hier nun darüber berichtet werden, wie diese Konzeptionen bei Ciba-Geigy heute aussehen.

3.1 Eine unternehmerische Verantwortungskonzeption

Die *unternehmerische Verantwortungskonzeption* von Ciba-Geigy umfasst heute drei Kriterien: Wirtschaftlicher Erfolg, Verantwortung gegenüber der Umwelt und gesellschaftliche Integration. Alle drei Kriterien müssen zur Beurteilung unternehmerischer Entscheidungen gleichgewichtig herangezogen werden. Wirtschaftlicher Erfolg darf nicht mehr - wie so oft in der Vergangenheit - das Kriterium sein, das alle anderen dominiert. (Abbildung 34)

Zur gesellschaftlichen Verantwortung gehört, dass sich die Unternehmung als ein integrierter Teil der Gesellschaft versteht. Die Wertvorstellungen der Gesellschaft wandeln sich, und die Vielfalt der Meinungen wird immer grösser. Wichtig ist, dass Pluralismus nicht als Bedrohung, sondern als Ausdruck einer kreativen und vitalen demokratischen Gesellschaft verstanden werden. Es gehört heute zur unternehmerischen Verantwortung, offen auf neues Gedankengut einzugehen und mit Weitsicht neuen Anforderungen Rechnung zu tragen. Das Klima in der

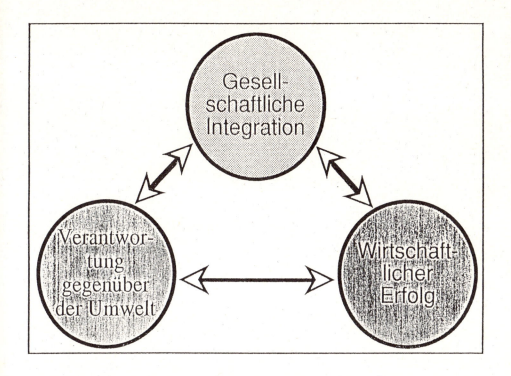

Abbildung 34: Die drei Elemente der unternehmerischen Verantwortungskonzeption der Ciba-Geigy

Unternehmung muss so sein, dass einerseits Schwächen in bisherigen Verhaltenweisen erkannt und überwunden werden, andererseits aber auch Erhaltenswertes gegen oberflächliche Modetrends verteidigt wird. Möglichst alle Mitarbeiterinnen und Mitarbeiter sollen sich aktiv und konstruktiv am Dialog über gesellschaftliche Fragen beteiligen können.

3.2 Identität als Voraussetzung für Kommunikation

Die Öffentlichkeit verlangt immer dringlicher zu wissen, woran sie ist. Sie hat ein wachsendes Bedürfnis und wachsames Interesse zu erfahren, nicht nur was eine Unternehmung herstellt, sondern auch was sie *darstellt*. Mit einem Wort: Auch die Öffentlichkeit will eine Unternehmung identifizieren können. Hinter diesem Verlangen steckt ein nicht zu unterschätzendes Misstrauen, aber auch die Bereitschaft zur Akzeptanz selbst sehr grosser und mächtiger Unternehmungen. Hier ist die Entwicklung und Darstellung einer eigentlichen *Unternehmungsidentität* als werbliches und damit wettbewerbliches Instrument gefordert. Corporate Identity macht das sichtbar, was die Unternehmung ausmacht: Die Unternehmungsidee, der Unternehmungsstil und die Wertvorstellungen, die die Unternehmung in ihrem Handeln leiten.

Die zunehmende Bedeutung der Identitätsfrage hat mehrere Gründe. Zum einen hat die technische Entwicklung Produkte und Leistungen der Firmen in vielen Bereichen einander so weit angenähert, dass häufig das Ansehen der Unternehmung einen erheblichen Einfluss auf den Verkaufserfolg gewonnen hat. Daneben nimmt aber auch die Produkt- oder Leistungspalette einzelner Anbieter sehr rasch zu. Produkte und Leistungen werden von den Unternehmungen mittlerweile in einer so grossen Zahl angeboten, dass die Werbung für die einzelnem Produkte und Leistungen kaum mehr sinnvoll ist, weil dies nur zu einer Überinformation führt. Auch aus diesem Grund orientiert sich die Kaufentscheidung in zunehmendem Masse an der Reputation der Unternehmung. Unternehmungsidentität wird so zu einem entscheidenden Verkaufsinstrument. Mit anderen Worten: Identität wird zur Software der Rentabilität.

Unternehmungsidentität und die Identifikation der Mitarbeiter mit ihrem Arbeitgeber prägen das Erscheinungsbild der Firma in der

Öffentlichkeit. Identität und Identifikation basieren aber auf dem vorherrschenden Selbstverständnis der Unternehmung und seiner Mitarbeiter. Genau hier spielt nun die *innerbetriebliche Kommunikation* eine ganz entscheidende Rolle. Es gehört zu den bedauerlichen Folgen einer ideologisch belasteten Mitbestimmungsdiskussion, dass diese innerbetriebliche Kommunikaton nur zu häufig mit dem Betriebsklima in Verbindung gebracht wird und dann bei Kantinenfragen endet. Dabei könnte sie, auch ganz unabhängig von der Identitätsfrage, Erstaunliches leisten. Untersuchungen zeigen nämlich, dass jeder einzelne Mitarbeiter über ein Unternehmungs-Know-how verfügt, das der Unternehmungsleitung in seiner Gesamtheit in den seltensten Fällen bekannt ist. Dieses potentiell vorhandene Unternehmungs-Know-how fliesst deshalb aber nur bruchstückweise in die Entscheidungen der Geschäftsführung ein. Unkenntnis erleichtert hier zwar das Urteil, doch dies ist nur ein schwacher Trost. Die innerbetriebliche Kommunikation wäre hier genau das Instrument, das dieses beim Einzelnen vorhandene Know-how erfasst und zusammenführt, sofern ein hierfür geeignetes Kommunikationskonzept vorliegt und angewendet wird. Damit kann die Voraussetzung dafür geschaffen werden, das Unternehmungs-Know-how in seiner Gesamtheit auszunützen und zur entscheidungsrelevanten Grösse werden zu lassen.

Ziel der Motivation der Mitarbeiter ist, dass sich diese mit ihrer Unternehmung identifizieren. Hiermit ist die Identitätsfrage gestellt und zwar in des Wortes doppelter Bedeutung. "Sich identifizieren" bedeutet zum einen, sich unverwechselbar auszuweisen als etwas ganz Bestimmtes, etwas Besonderes. Zum anderen bedeutet es aber auch, sich etwas zu eigen zu machen. Damit sich der Mitarbeiter mit "seiner" Unternehmung identifizieren kann, muss jedoch die Unternehmung selbst erst einmal eine eigene unverwechselbare und konkrete Identität aufweisen. Die Unternehmung und ihre Mitarbeiter kommen nur insofern zur Deckung, wie sie einander jeweils Bedeutung zuzumessen vermögen. Das ist nicht berechenbar, jedoch unabdingbar.

3.3 Grundsätze der Kommunikationspolitik bei Ciba-Geigy

Die 1989 neu formulierten "Grundsätze der Informations- und Kommunikationspolitik der Ciba-Geigy" sind beispielhaft für die Anforderungen an eine zeitgemässe Kommunikation nach innen, gegenüber den Mitarbeitern, und nach aussen, gegenüber der Öffentlichkeit. Ihre wichtigsten Postulate betreffen folgende Aspekte:

a) *Kompetenz*: Wir wollen fachlich führend sein und mit derselben Kompetenz auch unsere Informations- und Kommunikationsaufgabe wahrnehmen, sowohl innerhalb der Unternehmung als auch gegenüber der Öffentlichkeit. Unter Kompetenz verstehen wir auch, dass wir komplexe Zusammenhänge und wissenschaftliche Sachverhalte dem jeweiligen Empfängerkreis angepasst vermitteln können. Daraus resultiert ein Informations- und Kommunikationsverhalten, das unsere unternehmerische Tätigkeit als fortwährenden Lern- und Erfahrungsprozess begreift.

b) *Offenheit*: Wir betreiben eine Informationspolitik der "offenen Tür". Das bedeutet, dass wir aktuell informieren, ehrlich und kontinuierlich, dass wir Kritik aufnehmen und uns inhaltlich damit auseinandersetzen. Wir informieren sowohl unsere Mitarbeiterinnen und Mitarbeiter als auch die Öffentlichkeit umfassend über Nutzen und Risiken unserer Tätigkeit und unserer Produkte.

c) *Glaubwürdigkeit*: Kompetenz und Offenheit sind Voraussetzungen unserer Glaubwürdigkeit. Gesellschaftliche Akzeptanz, d.h. Verständnis und Vertrauen innerhalb der Unternehmung, aber auch zwischen Unternehmung und Öffentlichkeit, können wir nur schaffen und bewahren, wenn sich die Mitarbeiter aller Stufen glaubwürdig verhalten. Damit wollen wir uns den unternehmerischen Handlungsspielraum erhalten, innerhalb dessen wir eigenverantwortlich tätig sein können.

d) *Interne Kommunikation*: Kommunikation beginnt im eigenen Haus. Der Austausch von Informationen muss durchgehend sein, von der Spitze nach unten und umgekehrt. Nur informierte Mitarbeiter können ihre fachlichen Fähigkeiten, Fertigkeiten und Neigungen voll entfalten. Information und Kommunikation über die unternehmerischen Ziele und Tätigkeiten sind die Voraussetzung dafür, dass die Mitarbeiter wirtschaftlichen Erfolg mit beruflicher Zufriedenheit und sozialer Anerkennung verbinden können. Auf die Art motivierte Mitarbeiter im Stammhaus und in den Konzerngesellschaften sind die besten "Botschafter" von Ciba-Geigy in der Öffentlichkeit. Wir legen grossen Wert auf Transparenz nach innen. Kommunikation ist eine permanente Aufgabe aller Mitarbeiter. Wenn immer möglich informieren wir die Mitarbeiter *vor* der Öffentlichkeit.

e) *Externe Kommunikation*: Die Öffentlichkeit hat einen Anspruch auf Informationen über unsere Tätigkeiten und Produkte, soweit sie gesellschaftlich relevant sind. Wir suchen den Dialog mit der Öffentlichkeit.

Unternehmungen, die diese Postulate erfüllen, werden in der Kommunikation mit der Öffentlichkeit kaum Probleme haben.

4. Erfahrungen aus der Praxis

Eine Treppe wird bekanntlich von oben gekehrt. Wenn die oberste Führung der Unternehmung die Kommunikation, insbesondere auch die über Umweltfragen nicht ausdrücklich will und aus Überzeugung unterstützt, ist der Misserfolg nur eine Frage der Zeit: "Glasnost" und "Perestroika" können auch in der Unternehmung nicht von der Basis aus eingeleitet werden. Dazu braucht es vielmehr das *eindeutige Bekenntnis* der Führungsspitze sowie klare, konsistente und eindeutige Signale, die in der Unternehmung und gegenüber aussen deutlich machen, dass Worte und Taten deckungsgleich sind. Selbst wenn die oberste Führung den klaren Willen hat und äussert, ist es noch schwer genug, die starren Strukturen, speziell in grossen Organisationen, zu durchbrechen.

Unternehmungen müssen die ökologischen Fragen, die die Marktwirtschaft aufwirft, beantworten. Sie müssen sich der Kontroverse stellen und aktuelle Themen von sich aus aufgreifen. Sie müssen den Mut haben, sowohl Nutzen als auch Risiken ihrer Produkte und Produktionsverfahren offenzulegen. Es führt nicht weiter, wenn die alten, reflexartigen Antworten der Vergangenheit nur immer wiederholt werden. (Abbildung 35)

Diese typischen, defensiven Reaktionen erfolgen bis heute nahezu reflexartig, wenn Unternehmungen mit Kritik und gesellschaftlichen Herausforderungen konfrontiert werden. Dabei verstellen sie wohl eher den Weg zur Lösung der aufgeworfenen Probleme, als dass sie zu ihrer Lösung beitragen. Eine *lösungsorientierte Einstellung* orientiert sich demgegenüber an folgenden Einsichten:

> - **Wir brauchen weitere Studien**
> - **Es schadet der Wirtschaft**
> - **Es kostet Arbeitsplätze**
> - **Das Risiko wird übertrieben**
> - **Der Schaden ist trivial**
> - **Aufsichtsbehörden haben es genehmigt**
> - **Wir lösen das Problem selber**

Abbildung 35: Typische, reflexartige Antworten der Unternehmungen auf gesellschaftliche Herausforderungen

a) Kommunikation über Umweltfragen ist heute - zumindest für die chemische Industrie - zu einer zentralen *Führungsaufgabe* geworden. Sie kann nicht delegiert werden. Eine PR-Abteilung kann der Unternehmungsleitung zuarbeiten, Unterstützung leisten und Anregungen geben. Sie kann die Kommunikationsaufgabe aber nicht anstelle des obersten Managements übernehmen.

b) Führungskräfte müssen den direkten Kontakt mit *allen Gruppen* der Gesellschaft pflegen. Sie dürfen keine "Geistwächter" haben, die in vorauseilendem Gehorsam alle kritischen Sachverhalte bereits herausfiltern. Heute rächt sich, dass viele Unternehmungsführer öffentlichen Diskussionen und Kontroversen über ökologische Fragen aus dem Weg gingen und nach wie vor gehen. Unternehmer, die sich der öffentlichen Diskussion stellen, die potentielle Probleme rechtzeitig anpacken, haben vielleicht kurzfristig mehr Diskussionen und Friktionen und dadurch auch höhere Kosten. Langfristig machen sie wertvolle Lernprozesse durch und sichern dadurch die Zukunft ihrer

Unternehmung besser als Unternehmer, die die Kommunikation verweigern. Es gilt der Satz: "Wer heute den Kopf in den Sand steckt, wird morgen mit den Zähnen knirschen."

c) Die *Förderung der Zivilcourage* der Mitarbeiterinnen und Mitarbeiter ist eine weitere Voraussetzung zur Lernfähigkeit der Unternehmung. Dazu gehört die Schaffung einer angstfreien Atmosphäre in der Unternehmung. Gefordert ist die Bereitschaft der Unternehmungsführung, sich auch intern mit Kritik konstruktiv auseinanderzusetzen und nicht jeden Zweifel an der Richtigkeit des unternehmerischen Verhaltens als mangelnde Loyalität gegenüber der Unternehmung zu interpretieren. Speziell in Grossorganisationen ist es oft bequemer und sicherer für die Karriere, nichts zu tun. Dies wird gefördert durch die Tendenz, vieles an Kommissionen zu delegieren. Vorausschauende Führungskräfte begreifen die interne und externe Kritik an der Unternehmung als eine Chance zum Lernen. Wer sich der Kritik verschliesst macht aus einem "offenen" System ein "geschlossenes". Dies führt zu Realitätsverlust und "Bunkermentalität". Es verunmöglicht das Lernen. Es ist nicht gesagt, dass Erfahrungsmuster, die in der Vergangenheit erfolgreich waren, auch heute und morgen noch erfolgreich sind. Oder, mit anderen Worten: Nicht alle "Wege nach Rom" sind auf den Landkarten der Industrie bereits eingezeichnet.

d) Die Massenmedien werden allzu oft von der Industrie als Gegner oder gar Feind gesehen, denen man die Wahrheit vorenthält oder, schlimmer noch, nur scheibchenweise mitteilt. Zukünftig werden die Unternehmungen erfolgreich sein, die die Medien als *Brücke zur Öffentlichkeit* sehen.

e) Eine der häufig auftretenden Reduktionsmechanismen in gesellschaftlichen Auseinandersetzungen ist die *Moralisierung von Sachproblemen*. Die Bürger beziehen speziell dann öffentlich Stellung zu einem Problem, wenn sie der Überzeugung sind, dass diejenigen, die in Politik und Wirtschaft Entscheidungen treffen, nicht genügend Kompetenz haben oder nicht umfassend oder nicht wahrheitsgemäss argumentieren. Es findet dann häufig eine Moralisierung von Sachproblemen statt. Während ein sachlicher Dialog eines hohen technisch-wissenschaftlichen Sachverstandes auf beiden Seiten bedarf, kann man von dem Moment an, wo der Einsatz einer Technologie als eine Frage der Moral definiert wird, auch ohne Detailkenntnisse über Funktion und Auswirkungen einer bestimmten Technologie mitdiskutieren. Es genügt die Tatsache, dass negative Auswirkungen möglich sind, die moralischen Kategorien unterliegen.

Gegen eine solche Moralisierung von Sachproblemen ist solange nichts einzuwenden, wie potentielle Auswirkungen einer Technologie auf die Gesellschaft nach den Prinzipien ethischer Verantwortbarkeit begutachtet werden. Wenn aber Positionen zu einer Technologie mit moralischen Positionen gleichgesetzt werden, dann enden moralische Auseinandersetzungen in gegenseitigen Schuldzuschreibungen. Dann gibt es keine Diskussion mehr über die Zweckmässigkeit einer Technologie, sondern nur noch über die moralische Bewertung der Technologie oder der beteiligten Konfliktparteien. Selbstgerechtigkeit, Arroganz und Dialogunfähigkeit sind die unmittelbaren Folgen eines solchen Moralisierungsprozesses. *Wer Konflikte in Sachfragen zu Gesinnungsfragen macht, macht sie deshalb unlösbar.* Die Folgen sind ein Verlust des gegenseitigen Vertrauens, Rechtfertigungs- und Verfeindungszwänge, die lernunfähig machen.

5. Prinzipien eines zeitgemässen Kommunikationskonzepts

Ein zeitgemässes Kommunikationskonzept, das die ökologische und gesellschaftliche Herausforderung der Unternehmungen annimmt und einer effektiven Lösung zuführen möchte, muss auf folgenden vier Kommunikationsprinzipien aufbauen:

a) Das Prinzip der *verhaltensorientierten Öffentlichkeitsarbeit* oder der *personalen Kommunikation*.

Da es bei Akzeptanzproblemen weniger um ein Informationsdefizit als um eine Vertrauenskrise geht, kommt der Information als solcher kaum eine, der Glaubwürdigkeit des Informanten aber die entscheidende Bedeutung zu. Papier ist geduldig und schon deshalb kann eine Bunte-Bilder-Kampagne kein Vertrauen vermitteln. Es kommt deshalb alles auf das tatsächliche, konkret nachprüfbare und sichtbare, dann aber auch durch die Öffentlichkeitsarbeit sichtbar zu machende Verhalten der Unternehmungsvertreter, von der Geschäftsleitung bis zu dem letzten Mitarbeiter, an.

b) Das Prinzip der *mitwirkungsorientierten Öffentlichkeitsarbeit* oder der *interaktiven Kommunikation*.

Jede Kommunikatonsstrategie ist aus den Köpfen derer zu entwickeln, an die sie sich wendet. Sonst werden nur Fragen beantwortet, die keiner stellt, während das, was den Menschen wirklich bedrängt, unbeachtet und unbeantwortet bleibt. Gerade das aber bewirkt Unglaubwürdigkeit. Hieraus ergibt sich die Notwendigkeit einer interaktiven Kommunikation.

Die Fehldeutung der Vertrauenskrise zwischen Gesellschaft und Industrie als reines Informationsdefizit hat aber noch eine andere Folge. Gerade das Bemühen immer mehr Informationen zur Verfügung zu stellen führt dazu, dass der Mensch immer weniger versteht. Der Bürger erhält mehr Informationen, als er sinnvoll in sein Leben einzuordnen vermag. Dass jedoch *Überinformation* kognitiven Stress erzeugt, ist bekannt. Und in einem Akt geistiger Gesunderhaltung zieht sich dann der Bürger auf seine bewährten "Vor-Urteile" zurück. Er bildet sich seine Meinung dann nicht mehr aufgrund von Informationen, sondern aufgrund der Meinung, die er schon vorher hatte. Diese Meinung entscheidet somit darüber, was als Information zu werten ist. Oder mit anderen Worten: Nur das ist Information, was seine Meinung bestätigt. Abweichende Informationen sind interessenverdächtige Manipulationen oder werden verdrängt. So verlässt aber die Sachinformation, das eigentliche Argument, die Szene der öffentlichen Auseinandersetzungen. Was zählt ist dann nur noch die Anzahl bestätigender Meinungen. Die Massenhaftigkeit einer Meinung wird zu ihrer entscheidenden Qualität. Und wieder sind wir um eine Orientierungsmöglichkeit ärmer.

Es gibt jedoch nicht nur das Problem quantitativer, sondern auch das Problem *qualitativer Überinformation*. Wir stehen heute vor der Aufgabe, uns in Bereichen verständigen zu müssen, für die teilweise die Kommunikationsmöglichkeiten schlicht fehlen. Speziell die hochkomplexen Technologien werfen oftmals nicht vorhergesehene, vielleicht nicht einmal vorhersehbare Fragestellungen auf, denen nur mit einer interaktiven und lernfähigen Kommunikation begegnet werden kann. Unser Problem besteht darin, dass wir mit rasanter Geschwindigkeit Technologien als reine Hardware entwickelt haben, ohne aber entsprechende Kommunikationstechnologien als Software eingesetzt zu haben, die die Technologie erst begreifbar und konsensfähig machen. Hierin liegt auch die grosse Bedeutung der neuen interaktiven Bildschirm-Medien, die von Unternehmungen im Rahmen ihrer Kommunikation über Umweltfragen zunehmend genutzt werden müssen.

c) Das Prinzip der *rückhaltlosen Öffentlichkeitsarbeit* oder der *totalen Kommunikation*.

In psychologischer Sicht ist heute Glaubwürdigkeit das alleinige Medium, in dem Information überhaupt nur stattfinden kann. Das in der Vertrauenswerbung anklingende "Tue Gutes und rede darüber" ist aus diesem Grunde verfehlt. Es beschränkt sich nämlich expressis verbis auf die jeweils positiven Aspekte und schafft damit Erwartungen, denen die Wirklichkeit nicht entspricht. Es entsteht in der Öffentlichkeit unweigerlich der Eindruck, man werde getäuscht. Die Wirklichkeit hat - für alle unübersehbar - immer mindestens zwei Seiten: Eine positive und eine negative. Die Chance der Akzeptanz kann nur haben, wer begreift, dass heute Akzeptanz des Positiven die zutreffende Darstellung des Negativen voraussetzt. Der Öffentlichkeit muss deshalb mehr zugemutet und zugetraut werden. So manche peinliche Weinerlichkeit - "Erst stirbt der Wald, dann stirbt der Mensch", "Vergiftet oder arbeitslos", "Iss und stirb", "Autoraser = Baumkiller" - ist die Folge einer verzärtelnden und beschönigenden Öffentlichkeitsarbeit.

Eine wesentliche Aufgabe der Öffentlichkeitsarbeit besteht damit aber auch darin, im öffentlichen Bewusstsein klarzumachen, dass der *Preis eines Produkts* nicht nur in Geldeinheiten zu messen ist, sondern jedes Produkt auch mit Belastung, Belästigung und Risiko zu bezahlen ist. Werden Produkt und Produktion zusammengesehen, ergibt sich hieraus auch eine neue Strategie. Die Industrie muss sich dann nicht mehr nur nach den Konsequenzen ihrer Technologie fragen lassen, sondern sie kann ihrerseits zurückfragen nach den *Konsequenzen des Nichteinsatzes* ihrer jeweiligen Technologie. Dadurch ist beispielsweise die Arbeitsplatzfrage nicht mehr Totschlagargument ad hoc, sondern systematisch begründet gestellt.

d) Das Prinzip der *nicht-akzeptanzorientierten Öffentlichkeitsarbeit* oder der *Open-End-Kommunikation*.

Bei genauerer Betrachtung muss man erkennen, dass vieles in dieser Welt von Menschen und Mehrheiten akzeptiert worden ist, obwohl es nicht akzeptabel war, und vieles heute nicht akzeptiert wird, obwohl es akzeptabel ist. Den Fakten einerseits stehen die Werte und Bewertungen andererseits gegenüber und zwischen beiden können Diskrepanzen bestehen.

Welche Aufgabe fällt hier der Öffentlichkeitsarbeit zu? Ihre Aufgabe ist es, die Fakten transparent zu machen, so dass rationales Abwägen und ein Entscheidungsprozess der Öffentlichkeit möglich sind. Sie hat die Entscheidung aber nicht vorwegzunehmen, etwa weil sie arroganterweise annimmt, im Besitz der Wahrheit zu sein, und davon ausgeht, die anderen seien nur zu dumm, dies einzusehen. Heilsgewissheiten führen zur Polarisierung, in der es nur die Stimmung der Glaubenskriege, aber keine rationalen Auswege mehr gibt. Öffentlichkeitsarbeit sollte unter Berücksichtigung der hier genannten Prinzipien informieren. Sie sollte rationale Entscheidungen bewirken, die auch dann ein Erfolg der Öffentlichkeitsarbeit sind, wenn sie argumentativ abgewogen, aber anders bewertet, *gegen* die Unternehmung ausfallen. Gefährlich ist nämlich vielmehr die Irrationalität und nicht die "andere" Ansicht. Von der leben wir alle, denn tagtäglich sind wir alle in irgendeinem Belang "anderer" Ansicht. Wer einem Menschen den Denkprozess abnimmt oder abnehmen will wirkt manipulatorisch und ist damit unglaubwürdig. Und die Öffentlichkeit spürt dies sofort. Deshalb gilt hier das Paradoxon: Wer Akzeptanz will, darf sie nicht wollen!

Die ökologische Frage muss somit aktiv von der Industrie aufgegriffen und marktwirtschaftlich verarbeitet werden. Wer sollte die Umweltprobleme unserer industriellen Welt denn auch lösen, wenn nicht die Industrie selbst? Erst die aktive Rolle eines Problemlösers erlaubt es dann auch der Industrie, die anderen Akteure wie Bürger und Behörden auf deren Umweltverhalten hin kritisch zu prüfen. Und es sollte aus den Ausführungen deutlich geworden sein, dass hierfür ein grundlegend verändertes Kommunikationsverständnis benötigt wird. Kommunikation über Umweltfragen ist für die Industrie nicht mehr eine Frage von Agenturen und Kampagnen. Es ist eine Frage des glaubwürdigen Verhaltens derer, die diese Industrie leiten.

Motivierung der Mitarbeiter zu einem ökologisch bewussten Verhalten

Stephan Baer

1. Die Aufgabe: Konkretisierung und Realisierung eines ökologischen Leitbilds bei der Baer Weichkäserei

Seit den Zwanziger Jahren dieses Jahrhunderts wird die Baer Weichkäserei AG in Küssnacht am Rigi als Familiengesellschaft geführt. 1989 erwirtschaftete sie mit dem Verkauf von Weich-, Frisch- und Schmelzkäsen einen Umsatz von rund 80 Mio. Franken. Die Bewahrung der natürlichen Umwelt ist in dem Leitbild der aus 240 Mitarbeitern bestehenden Unternehmung als explizites Ziel aufgeführt. Die Vorgehensweise bei der Umsetzung und Realisierung dieser unternehmungspolitischen Zielvorstellung in den betrieblichen Alltag mittels eines strukturierten ökologischen Lernprozesses stellt das Thema des vorliegenden Beitrags dar.

Ausgangspunkt des Vorgehens war folgende Maxime: "Ein Unternehmen verhält sich dann umweltgerecht, wenn sich die Menschen in ihm ökologisch verantwortungsbewusst verhalten." Der Begriff "verantwortungsbewusst" wird hier deshalb verwendet, weil es zu diesem Verhalten nicht nur des *Wissens*, sondern auch einer bestimmten *Einstellung* bedarf; einer

Einstellung, die das Leben umfassend bejaht, erhält und fördert. Auf die Unternehmung insgesamt übertragen heisst dies, dass die Motivierung der Mitarbeiterinnen und Mitarbeiter zu einem ökologisch bewussten Verhalten nur dann wirklich erfolgreich sein kann, wenn sie durch eine entsprechende *Unternehmungskultur* getragen wird, die in ökologischer und sozialer Hinsicht lebensbejahend ist.

Das Operieren im Bereich von Einstellungen und Werten ist nicht unproblematisch. Wir waren uns dessen bewusst, als wir uns 1987 entschlossen, das dem Unternehmungsleitbild entnommene Thema "Verantwortungsbewusst handeln - gegenüber Mensch und Natur" unter Einbezug sämtlicher Mitarbeiterinnen und Mitarbeiter vertieft zu bearbeiten. Der Prozess, der zu diesem Zweck gemeinsam durchlaufen wurde, soll als Bericht *einer* konkreten Erfahrung geschildert werden. Damit soll und kann nicht gesagt werden, dass auch andere Unternehmungen notwendigerweise den gleichen Prozess durchlaufen müssen, wenn sie daran gehen, ihre Mitarbeiter zu einem ökologisch bewussten Verhalten zu motivieren. Jedoch bietet er gewisse Einsichten, die als Anschauungsmaterial oder zur Vermeidung von Fehlern hilfreich sein dürften.

2. Konzeption und Einleitung eines ökologischen Lernprozesses

Zu Beginn unserer Bemühungen versuchten wir uns auf die angestrebten *Ziele* des Lernprozesses zu einigen. Drei unterschiedliche Ziele resultierten daraus:

a) Auslösen von persönlicher Betroffenheit bei allen Beteiligten
b) Erkennen wesentlicher sozialer und ökologischer Chancen und Gefahren
c) Erarbeiten von konkreten Lösungsvorschlägen.

Zusammen mit einem Berater wurde im Hinblick auf die Erreichung dieser Ziele ein spezielles Seminar konzipiert, das im Rahmen der jährlichen Strategieüberprüfung mit der erweiterten Direktion durchgeführt wurde. Im Zentrum des Seminars standen zwei übergreifende *Fragestellungen*:

- Was heisst verantwortungsbewusst Handeln gegenüber Natur und Menschen?
- Wo können wir uns gegenüber Natur und Menschen noch besser verhalten?

Eine erste Entscheidung wurde an diesem Seminar sehr rasch getroffen: *Alle* Mitarbeiterinnen und Mitarbeiter sollten in den gleichen Prozess miteinbezogen werden. Sie sollten an einem gleichartigen Seminar teilnehmen können. In einem nächsten Schritt wurde deshalb das Seminar in einem erweiterten Kreis, bestehend aus dem mittleren Kader, durchgeführt. Hierbei wurde angestrebt, die Teilnehmer gleichzeitig in die Lage zu versetzen, eine entsprechende Veranstaltung mit ihren eigenen Mitarbeiterinnen und Mitarbeitern durchführen zu können. Daraufhin folgten dann - auf sämtliche Mitarbeiterinnen und Mitarbeiter ausgedehnt - eine Vielzahl von Seminaren mit Gruppen von ca. 12 Mitarbeitern. Moderiert wurden diese Seminare von je einem Mitglied der Direktion und des mittleren Kaders.

Die *Form* der Seminare war in allen Fällen die gleiche. Sie bestanden jeweils aus zwei Halbtagsveranstaltungen, wobei am ersten Halbtag folgende Ziele angestrebt wurden:

a) Offene Kommunikation in der Gruppe
b) Auslösen von Betroffenheit und schaffen von Problembewusstsein
c) Hinleiten zur Erkenntnis, dass das Handeln jedes einzelnen zählt.

Durch den Einsatz eines Films, durch Präsentationen und Arbeit in wechselnden Untergruppen wurden die Seminarteilnehmer zu aktiver Mitarbeit angeregt. Am zweiten Halbtag ging es dann darum:

a) Handlungsmöglichkeiten aufzuzeigen und
b) Lösungsmöglichkeiten zu erarbeiten, und zwar sowohl für die Unternehmung insgesamt als auch für den persönlichen Arbeitsbereich.

Als Beleg dafür, dass die Unternehmungsleitung die aufgeworfene Thematik sehr ernst nimmt und die Seminare nicht als Alibiübung verstand, wurden die versammelten Mitarbeiter einleitend über drei beschlossene Massnahmen im Umweltbereich informiert. Es handelte sich um die Ausführung der letzten Etappe eines umfassenden Wärmerückgewinnungssystems, den schrittweisen Ersatz von Aluminium bei Verpackungen und die Umstellung auf Recycling-Papier im Betrieb.

Nach Abschluss der Seminarrunden wurde eine Diskussion in den Abteilungen über die gesammelten Ideen und die erarbeiteten Vorschläge durchgeführt. Deren Ziel war es:

a) im eigenen Kompetenzbereich liegende Massnahmen unmittelbar einzuleiten
b) nicht realisierbare Vorschläge abzuschreiben
c) erwünschte Massnahmen, die den eigenen Kompetenzbereich überschritten, zur Entscheidung an die Direktion weiterzuleiten.

Im Kreis der Direktion fanden ebenfalls eingehende Diskussionen der Ergebnisse und ihrer Konsequenzen statt. Über die ersten realisierten Massnahmen erstellte sie einen Zwischenbericht und publiziert ihn in der Hauszeitung. Alle eingegangenen Vorschläge fasste sie nach Kategorien zusammen und legte sie in einem Dossier den Mitarbeitern zur Einsicht vor. Vereinzelt bildeten sich spontan Arbeitsgruppen, die einzelne Fragen speziell bearbeiten wollten. Die Betriebskommission griff die angegangenen Themen von sich aus auf und liess sie zu einem dauernden Traktandum werden.

3. Was bisher in die Tat umgesetzt wurde

Die als Resultat des ökologischen Lernprozesses bisher konkret realisierten Massnahmen und Projekte sind sehr vielfältig. Sie betreffen praktisch alle Tätigkeitsbereiche der Unternehmung:

a) Im *Energiebereich* ergab die realisierte Wärmerückgewinnung eine Einsparung von 20% des Heizölverbrauchs. Die möglichst effiziente Nutzung aller Beleuchtungskörper wurde durch entsprechende Hinweise gefördert; wo möglich wurden Stromsparlampen eingesetzt.

b) Im *Produktionsbereich* konnte durch eine gezielte Raumklimatisierung eine erhebliche Reduktion von Desinfektionsmitteln erreicht werden.

c) Im *Transportbereich* wurde ein Fahrrad für lokale Botengänge angeschafft, ergänzt um ein mit Solarstrom betriebenes Elektrofahrzeug. Als Weihnachtsgeschenk erhielten die Mitarbeiter ein Halbtaxabonnement, das ihnen die generelle Benützung der Bahn zum halben Preis ermöglicht.

d) Im *Verpackungsbereich* wurde ein stufenweiser Aluminium-Ersatz realisiert sowie ein konsequenter Verzicht auf PVC-haltiges Verpackungsmaterial.

e) Im *Beschaffungsbereich* wurden für das eigenentwickelte Soja-Frischprodukt Yasoya teilweise Rohstoffe aus kontrolliertem biologischem Anbau verwendet. In die gleiche Kategorie der Förderung eines kontrollierten biologischen Landbaus bei den eigenen Milchlieferanten gehört auch die Entwicklung und Lancierung eines "Öko-Käses", der auf der Verwendung von Milch aus kontrolliert biologischen Betrieben beruht.

f) Im *Abfallbereich* konnte durch die Einführung einer getrennten Abfallentsorgung eine Reduktion des an die Kehrichtabfuhr abgegebenen Abfallvolumens um 65% erreicht werden. Wo möglich kommen keine Wegwerfbecher oder Plastiklöffel für den Pausenkaffee mehr zum Einsatz. Der Einsatz von Einwegbatterien wurde minimiert.

g) Im *Bürobereich* gelangte Recycling-Papier für Couverts, Rechnungsbelege, Schreibmaschinenpapier, EDV-Papier und Fotokopierpapier zum Einsatz. Rechnungsbelege werden heute zwei- oder mehrmals gedruckt, um dadurch Kopien oder Kohlepapier mit entsprechendem Chemie-Einsatz zu vermeiden.

h) Im *Hygienebereich* gelangte Recycling-Papier für Handpapier und WC-Papier zum Einsatz. WC-Deodorants und Duftsprays wurden durch Tonfläschchen mit Riechessenzen ersetzt.

Von besonderer Bedeutung war die bereits angedeutete Produktinnovation in Richtung des Weichkäses *"Öko-Tomme"*. Sie soll etwas eingehender erläutert werden. 1989 bot die Baer AG rund 90 ihrer Milchlieferanten an, die für eine Umstellung auf Biolandbau notwendigen Vorabklärungen zu finanzieren und sich auch an den während der zweijährigen Umstellungsphase anfallenden Beratungskosten zu beteiligen. Darüber hinaus wurde pro Kilo Bio-Milch ein "Öko-Zuschlag" in Höhe von 15 Rappen angeboten, wodurch ein Teil der mit dem biologischen Landbau verbundenen Minderproduktion sowie der vermehrte Arbeitsaufwand ausgeglichen werden sollte.

Das Ergebnis: Zehn Bauern willigten in eine Umstellung auf Anfang 1990 ein. Sie liefern nun jährlich rund 800 000 Kilo Milch, die separat eingesammelt und getrennt von der konventionellen Milch zum Weichkäse "Öko-Tomme" verarbeitet werden. Die Vereinigung schweizerischer biologischer Landbauorganisationen gestattet der Baer AG, diesen Käse mit dem Knospenzeichen für Produkte aus anerkannten Biobetrieben zu verkaufen. Auch der Konsument muss für diese ökologische Zusatzleistung tiefer in die Tasche greifen. Er bezahlt 50 Rappen - entsprechend 20% - mehr als für den gleichen Käse aus konven-tioneller Milch. Dabei kommt diese Zusatzleistung nicht einmal ihm direkt zugute, denn es kann aufgrund der vorliegenden naturwissenschaftlichen Untersuchungen nicht belegt werden, dass Milch und Käse aus Biobetrieben gesünder wären. Unzweifelhaft ist jedoch, dass der Unterschied in den Produktionsmethoden der Natur zugute kommt. Bedingung ist aber für uns, dass das Produkt, abgesehen von einem gewissen "Öko-Sponsoring" in der Startphase, selbsttragend sein muss.

4. Lehren

Was für Lehren lassen sich rückblickend aus den noch jungen Erfahrungen ziehen, einen strukturierten ökologischen Lernprozess in Gang zu setzen und zu halten?

a) Schon die Ankündigung, solche Seminare durchzuführen, stiess bei den Mitarbeitern auf ein *positives Echo*. Es überraschte daher nicht, dass auch die Mitarbeit in den Gruppen in den meisten Fällen ausserordentlich gut war. Dies äusserte sich in einer grossen Fülle von konkreten Ideen und Lösungsvorschlägen. Nebenbei ist allerdings auch anzumerken, dass nach den Seminaren auf Stufe Direktion und mittleres Kader praktisch alle Ideen und Lösungsvorschläge bereits vorlagen und in der dritten Seminarrunde mit allen Mitarbeitern kaum Neues dazukam. Wäre es nur um das Generieren von Ideen und Lösungsvorschlägen gegangen, hätte man sich den Einbezug aller Mitarbeiter - und damit auch einen beträchtlichen Aufwand - sparen können. Aber es ging mindestens ebenso sehr um deren Sensibilisierung und Motivierung.

b) Mit Sicherheit wurden die Seminarteilnehmer bezüglich des Themas sensibilisiert. Viele wurden in ihrem schon bestehenden Problembewusstsein bestärkt. Entscheidend war aber, dass es durch die gewählte Vorgehensweise in der Unternehmung *"salonfähig"* gemacht wurde. Alle Mitarbeiter wurden nachdrücklich darauf aufmerksam gemacht, dass die im Unternehmungsleitbild verankerte Verpflichtung gegenüber der natürlichen Umwelt von der Unternehmungsleitung ernstgenommen wird. Das Signal war, dass es auch von allen Mitarbeiterinnen und Mitarbeitern ernst zu nehmen sei. Die Mitarbeiter wurden aber auch angeregt, sich selber umweltgerechter zu verhalten.

c) Nicht unproblematisch waren die sehr *hohen Erwartungen* der Mitarbeiter. Viele waren der Meinung, wenn man schon aufgefordert wird, Lösungsvorschläge zu machen, müsse auch alles oder das meiste sofort in die Tat umgesetzt werden, ungeachtet der Kostenfolgen. Hier mussten die Grenzen des wirtschaftlich Tragbaren deutlich gemacht werden.

d) Wir haben mit der Einleitung dieses Lernprozesses wissentlich einen weitgehend *irreversiblen Prozess* eingeleitet, in dem sich die Unternehmungsleitung nur dann bewährt, wenn sie es mit ihren ökologischen Zielsetzungen auch wirklich ernst meint. Auch dürfte es schwer sein, hinter einen einmal erreichten Entwicklungsstand wieder zurückzufallen. Der von der Unternehmung erworbene Goodwill muss, darüber hinaus, unter den kritischen Augen der Mitarbeiter immer wieder von neuem geschaffen und bestätigt werden. Dies stellt eine *permanente Verpflichtung* zur Verbesserung der Umweltverträglichkeit dar.

Die Sanierung der Glatt als Beispiel erfolgreicher Kooperation im Umweltschutz

Willy Keller

Die Glatt ist ein voralpiner Fluss in der Nord-Ostschweiz mit sehr unregelmässiger Wasserführung. Sie durchfliesst die Kantone Appenzell Ausserrhoden und St.Gallen und mündet bei Uzwil in die Thur. Zusammen mit der Thur überflutet sie bedeutende Grundwasserlager, die für die regionale Trinkwasserversorgung von grosser Bedeutung sind.

1. Die Belastungssituation der Glatt im Ausgangsjahr 1984

Dass der "Gesundheitszustand" der Glatt anfangs der achtziger Jahre nicht unbedenklich war, war nicht nur für die Gewässerfachleute, sondern auch für die Lokalbevölkerung kaum zu übersehen. Nicht selten rotbraun verfärbt, von Schaumkronen bedeckt und penetrant nach Chemikalien riechend war sie zunehmend zu einem Ärgernis geworden. Dabei verfügten die Gemeinden im ganzen Einzugsgebiet über moderne und gut gewartete Kläranlagen und auch der Anschlussgrad war mit 93% sehr hoch. Ganz offensichtlich waren die Kläranlagen jedoch überfordert.

Die Ausgangsbasis für das heutige Glatt-Sanierungsmodell lieferte eine von den Regierungsstellen der Kantone St. Gallen und Appenzell Ausserrhoden angeordnete biologische Untersuchung des Glatt-Fliessgewässers aus dem Jahre 1984. Diese Analyse zeigte die aktuellen Problemfelder des ganzen Glatt-Systems auf. Kurz zusammengefasst stellte sich die Situation damals wie folgt dar: Tot war die Glatt nicht, so das Ergebnis, aber ohne aktive Gegenmassnahmen würden sich *irreparable Verhältnisse* und gravierende Probleme für die *Trinkwasserversorgung* ergeben. Insbesondere war die Fauna der Klein- und Kleinstlebewesen über weite Strecken stark gestört. Aus dem Bericht ging weiter hervor, dass aber örtlich sehr unterschiedliche Verhältnisse vorlagen. Es waren über das ganze Fliessgeschehen der Glatt hinweg sowohl Belastungs- als auch Erholungszonen feszustellen.

Die ökologische Belastung des voralpinen Wildbachs Glatt resultiert aus seiner regionalen Einbettung. Die besonderen *Strukturmerkmale* dieser Region ergeben sich dabei vor allem aus ihren demographischen und ökonomischen Verhältnissen. Im Einzugsgebiet der Glatt leben knapp 50 000 Menschen auf einem Gebiet von 70 km². Während die Bevölkerungsdichte der beiden Kantone St. Gallen und Appenzell Ausserrhoden mit rund 200 Einwohnern/km² schon über dem gesamtschweizerischen Durchschnitt von 154 liegt, erreicht die Glatt-Region mit 612 Einwohnern/km² eine Dichte, die nahezu derjenigen des Kantons Zürich entspricht.

Die vier biologischen Kläranlagen in der Region haben dabei nicht nur die Abwässer der Bevölkerung zu verarbeiten, sondern auch diejenigen aller *Industrie- und Gewerbebetriebe*. Die regionale Dichte der Erwerbstätigen erreicht in der Glatt-Region mit 280 Erwerbstätigen/km² die Nähe zürcherischer Werte, wo 335 Erwerbstätige/km² tätig sind. Im Gebiet konzentrieren sich insbesondere zahlreiche mittlere und grössere

Textilbetriebe, die Gewebe in Nassprozessen unter Einsatz grosser Mengen von Detergentien, Komplexbildnern, Farbstoffen und manch anderer Textilhilfsmittel veredeln. Nur ein einziger von insgesamt fünf Textilveredlungsbetrieben verfügt über eine eigene Kläranlage, während die anderen ihr Abwasser den öffentlichen Kläranlagen zuführen. Daneben verursachen noch Lebensmittelhersteller aufgrund ihres grossen Reinigungsmittelverbrauchs sowie eine expandierende Landwirtschaft zusätzliche Gewässerbelastungen. Es verwundert deshalb nicht, dass Gewerbe und Industrie zusammen genommen das Abwasser der Glatt ungefähr gleich stark belasten wie die knapp 50 000 Einwohner.

Dieser hohen Belastung der Glatt, verursacht durch eine dicht besiedelte und stark industrialisierte Region, stehen zudem denkbar *ungünstige Wasserführungsverhältnisse* gegenüber, die es sehr schwer machen ein normales ökologisches Gleichgewicht zu erhalten. Die Glatt hat einen ausgeprochenen Wildbach-Charakter, mit einer ausserordentlich unregelmässigen Wasserführung. So können Hochwasserspitzen die chronischen Probleme vorübergehend lindern. Viel häufiger ist jedoch Niedrigwasser, was die unzumutbare Belastungssituation deutlich zum Vorschein bringt. Aus den detailliert erhobenen Zahlen des Messjahres 1985 geht die ökologische Belastungssituation im Glatt-System klar hervor: Gemäss der internationalen Abwasserqualitätsrichtlinie Q 347 müsste das Verhältnis Abwasser/Flusswasser das ganze Jahr hindurch im Minimum 1/10 betragen, d.h. 1 Teil Abflusswasser aus den Abwasser-Reinigungsanlagen (ARA) müsste von mindestens 10 Teilen Bach- oder Verdünnungswasser begleitet werden. Dieses Verhältnis definiert das Minimum gesunder ökologischer Verhältnisse. Es wird an der Glatt aber nur während 9 Tagen im Jahr erreicht. Während der Hälfte des Jahres beträgt es weniger als 1/3,66. Und was noch schlimmer ist: Während 20 Tagen im Jah

Jahr fliesst in der Glatt mehr "gereinigtes" Abwasser aus den ARA-Betrieben als begleitendes Bachwasser.

Man kann nur erstaunt sein, wie sorglos in der Öffentlichkeit über diese Tatsachen hinweg gegangen wird. Drückend lasten sie auf den verantwortlichen Mitarbeitern in den ARA-Betrieben, aber auch auf den Mitgliedern der Glatt-Kommission. Um hier Lösungen zu finden, drängen sich gezielte Eingriffe in die Wirtschaftsstrukturen auf. Aber auch die Bürger, die täglich Trinkwasser konsumieren, müssten sich ihre Gedanken machen, verunreinigen sie die Glatt doch gleich stark wie Industrie und Gewerbe.

2. Die Suche nach den Ursachen der Gewässerbelastung

Aufgrund der Untersuchungsergebnisse aus dem Jahre 1984 beschlossen die verantwortlichen Regierungsstellen eine gemischte Kommission ins Leben zu rufen, die *Glatt-Sanierungskommission*. Ihr Auftrag war es, die Ursachen und Quellen der Glatt-Verschmutzung ausfindig zu machen und, gestützt auf den Untersuchungsbefund, jene Sanierungsmassnahmen vorzuschlagen und zu verwirklichen helfen, die zum Erreichen eines gesetzeskonformen Zustands notwendig sind. In die Kommission wurden 18 Mitglieder berufen, darunter Gemeindevorsteher, Kantonale Gewässerschutzbeauftragte, Vertreter von Bundesämtern, aber auch Vertreter der betroffenen Industrien. Sie stellte die erste gemischte Kommission dieser Art in der Schweiz dar, die bereits zur Analyse und Erarbeitung eines Sanierungskonzepts alle beteiligten Seiten, inclusive die abwasserproduzierende Industrie an einem Tisch versammelte.

2.1 Die Grenzen der herkömmlichen Abwasserreinigung

In einem ersten, 1985 veröffentlichten Bericht der Kommission wurde den Gemeinden eine *technisch korrekte Abwasserreinigung* attestiert. Die aussergewöhnliche industrielle Belastung zeigte jedoch deutlich die Grenzen herkömmlicher Abwasserreinigung auf. Die anhand der Eidgenössischen Abwasserverordnung von 1975 für die Glatt festgelegten Qualitätsziele von höchstens 2 mg DOC (gelöster organischer Kohlenstoff) pro Liter Wasser waren bei weitem nicht erreicht. Auffallend war, dass *nach* den Kläranlagen Herisau und Flawil jeweils ein *stark erhöhter Gehalt an gelöstem organischen Kohlenwasserstoff* gemessen wurde, was in erster Linie auf biologisch schlecht oder gar nicht eliminierbare Stoffe aus Textilveredlungsbetrieben zurückzuführen war. Eine gewisse Vorbelastung des Gewässers aus den ländlichen Gebieten trug hier zu den ebenfalls massiv überhöhten Werten an Ammoniumstickstoff im Wasser bei. Diese waren auf übermässigen und zur Unzeit ausgebrachten Dünger zurückzuführen.

Als eine erste Massnahme verbesserten die Textilveredlungsbetriebe die Entfärbung ihrer Abwässer um damit wenigstens optisch das Bild der kranken Glatt aufzuhellen. Die weitergehende Hoffnung aber, durch verhältnismässig einfache Massnahmen *in den Kläranlagen* könnte auch die organische Belastung des Wassers reduziert werden, war jedoch schnell wieder geschwunden. Mehrmonatige Pilotversuche in der Kläranlage Flawil zeigten, dass weder mit chemischer Flockung noch mit stark verlängerter Aufenthaltszeit im biologischen Teil der Kläranlage die Fracht an organischem Kohlenstoff im Kläranlagenabfluss vermindert werden konnte. Eine Lösung konnte deshalb nur auf dem Weg eines *weitgehenden Fernhaltens* biologisch schwer oder nicht eliminierbarer Stoffe von den Kläranlagen gefunden werden. (Ott 1988)

Damit waren die Grenzen der herkömmlichen Abwasserreinigung, aber auch diejenigen der Kläranlagen sichtbar geworden. Sie verlangten nach einem *viel weitreichenderen Lösungsansatz*, der den produktionstechnischen Einsatz und die Dosierung der biologisch nicht eliminierbaren Chemikalien *in den Betrieben* selber betraf. Er hatte, gemäss dem Verursacherprinzip, vorrangig bei den *Textilbetrieben* anzusetzen, die aufgrund ihrer komplexen und stark belasteten Abwasserfrachten eine Sonderstellung im Glatt-System einnahmen. Die Untersuchungen der Kommission betrafen zwei unterschiedliche Ebenen: Die Ebene der *Textilindustrie insgesamt* und diejenige der *einzelnen Betriebe*. Auf beiden Ebenen mussten die Ursachen und Zusammenhänge der Gewässerbelastung analysiert werden und nach Lösungswegen gesucht werden.

2.2 Die Gewässerbelastung durch die Textilindustrie

Während im allgemeinen bei der Suche nach den "Schuldigen" einer Gewässerverschmutzung ein unerfreuliches "Schwarzer-Peter-Spiel" einsetzt, herrschte im vorliegenden Fall absolute Klarheit. Hauptverursacher war die Textilindustrie und innerhalb dieser sehr heterogenen Branche handelte es sich ohne Zweifel um die *Textilveredler*. Weder die Produktionsstufen Spinnerei, Zwirnerei noch die Weberei verursachen eine nennenswerte, unmittelbare Gewässerbelastung. Das Augenmerk der Untersuchung richtete sich deshalb auf die genauen *Belastungsfaktoren* bei den Textilveredlern. Die Ergebnisse gehen aus nachfolgender Abbildung 36 hervor.

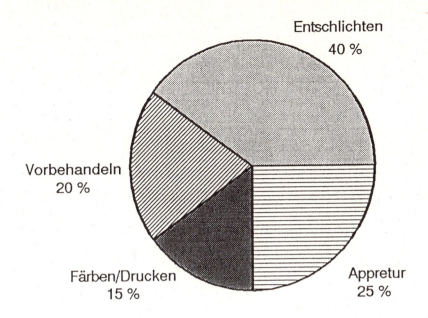

Abbildung 36: Frachtlastanteile unterschiedlicher Verarbeitungsschritte der Textilveredlung im Glatt-System

Aus der Abbildung 36 wird ersichtlich, dass 15% der textilen Abwasserbelastung der Glatt durch das Färben und Drucken verursacht werden, 20% durch das Vorbehandeln der Textilien, womit die Vorgänge des Abkochens, Bleichens und Merzerisierens umfasst sind, 25% durch die Oberflächenbehandlung der Textilien im Zuge der Appretur, während das Entschlichten weit an der Spitze der abwasserverschmutzenden Prozesse steht. Diese Verarbeitungsstufe ist allein für 40% der textilen Abwasserfracht verantwortlich, weshalb die Sanierungsmassnahmen mit höchster Priorität hier ansetzen mussten.

Worum geht es beim *Schlichten*? Damit das Kettgarn der hohen mechanischen Beanspruchung des Webprozesses standhalten kann, müssen die Fasern des Garns vorgängig untereinander verklebt werden, wodurch das Garn kompakter und geschmeidiger wird. Diesen Vorgang nennt man Schlichten. Ohne den Schlichtprozess könnte auf den Webmaschinen weder Baumwolle noch Baumwoll-Mischgewebe richtig hergestellt werden. Die Qualität der Schlichte entscheidet dabei weitgehend über Erfolg und Wirtschaftlichkeit des Webprozesses, aber auch über die Qualität des Webguts.

Für den Textilveredler ist die Situation insofern undankbar, als er den "Stein des Anstosses" von einer vorgeschalteten Verarbeitungsstufe mit dem Webgut ins Haus geliefert bekommt. Ihm fällt die Aufgabe zu, die vom Weber gelieferten Textilien vor der weiteren Verarbeitung erst zu *entschlichten*, d.h. die Schlichte mit Wasser aus dem Gewebe auszuwaschen. Ihn treffen, mit anderen Worten, die problematischen ökologischen Auswirkungen der Handlungen der eigentlichen Verursacher, nämlich der Weber.

Für das Schlichten wurde früher vor allem Stärke verwendet, in Form von Kartoffelstärke oder Maisstärke. Die Entwicklung in Richtung moderner Hochleistungs-Webmaschinen hatte jedoch laufend steigende Anforderungen an die Kettschlichte gestellt, weshalb von der chemischen Grundstoffindustrie hierfür spezielle wasserlösliche Polymere entwickelt wurden, die heute für das Schlichten im Vordergrund stehen. War die natürliche Schlichte bezüglich biologischer Abbaubarkeit kein Problem, so sind viele der neuen *synthetischen Schlichten* nur schwer oder gar nicht biologisch abbaubar. In die Kläranlagen des Glatt-Systems gelangten pro Jahr 700 Tonnen Schlichte, wovon mindestens die Hälfte in unabgebauter Form wieder an den Fluss zurückging.

Aus der Ermittlung der verschiedenen Frachtlastanteile geht deutlich hervor, dass ein wirkungsvoller Eingriff zur Verbesserung der Wasserqualität der Glatt in erster Linie bei den Schlichtemitteln als den Hauptbelastungsquellen ansetzen musste. Dies machte als nächsten Schritt eine detaillierte Untersuchung der verschiedenen *Arten von Schlichtemitteln* im Hinblick auf ihre biologische Abbaubarkeit nötig. Die Abbaubarkeit unterschiedlicher Schlichtearten wurde dabei von der Eidgenössischen Materialprüfungs- und Versuchsanstalt (EMPA) St. Gallen gemäss den Prüfrichtlinien der OECD (Methode 302 B) überprüft, wobei der Verlauf des prozentualen Abbaus organischer Substanz innerhalb von 14 Tagen gemessen wird. Die vergleichenden Untersuchungsergebnisse gehen aus Abbildung 37 hervor. (vgl. hierzu auch Schefer/Romanin 1988)

Das mit Abstand beste Abbauverhalten mit knapp 100% Abbau nach 14 Tagen weist die Kartoffelstärke als reines Naturprodukt auf. Sie wird bei modernen Webmaschinen heute allerdings nicht mehr eingesetzt. Das zweitbeste Ergebnis weist das Galaktomannan auf, ein veredeltes Naturprodukt mit höchst interessanten Qualitäten und Eigenschaften, das allerdings erst seit jüngster Zeit auch im Schlichtereisektor Eingang gefunden hat. Die Abbaubarkeit von synthetisch gewonnenem Polyvinyl-Alkohol ist hier mit 50% als relativ hoch angegeben. Je nach Qualität liegt sie auch um die 40% und darunter. Zusammen mit der Carboxymethylcellulose, deren Abbaubarkeit nur noch bei etwa 15% liegt, stellt der Polyvinyl-Alkohol das wohl bekannteste synthetische Schlichteprodukt dar. Beide Produktgruppen sind biologisch schlecht eliminierbar. Die Schlichtemittel belasten dabei nicht nur die Gewässer, sondern können auch die Kläranlage bei ihrer eigentlichen Tätigkeit empfindlich stören, indem sie die Flokken des Belebtschlamms verkleben und den Abbau organischer Stoffe dadurch behindern. Die Kläranlage wird so gleichsam selber geschlichtet. Die Acrylate, mit 10% Abbaubarkeit am unteren Ende der Schlichtemittel, waren gleichwohl unentbehrlich für die Webereien.

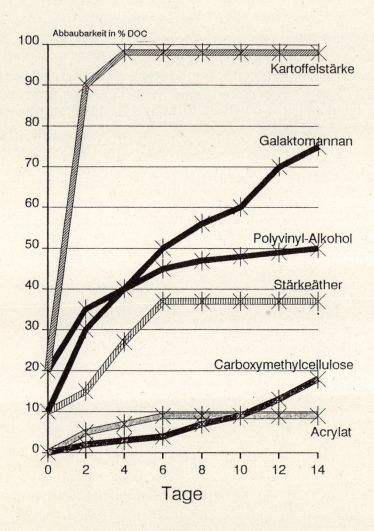

Abbildung 37: Das biologische Abbauverhalten unterschiedlicher Schlichtearten gemäss den Ergebnissen der EMPA 1986

Die *durchschnittliche biologische Abbaubarkeit* aller eingesetzten Schlichtemittel zusammen genommen lag im Jahre 1986 zwischen *35 und 40%*. Dies war nach Einschätzung der Gewässerschutzfachleute und Behörden eindeutig zu tief. Ihre Zielvorstellung geht dahin, dass bis spätestens 1991 die durchschnittliche Abbaubarkeit auf *80%* anzuheben ist. Sie zeigten sich auch entschlossen, entsprechende Umstellungen der Produktionsprozesse zu forcieren, um diese Zielvorstellung erreichen zu können.

3. Das Vorgehen zur Sanierung

Eine Arbeitsgruppe der Glattkommission, bestehend aus Vertretern der Industrie, der EMPA St.Gallen sowie des Kantonalen Gewässerschutzamts, machte sich sodann an die Erstellung *betriebsbezogener Stoffbilanzen*. Zu diesem Zweck wurde in allen Textilveredlungsbetrieben der Glatt-Region jedes einzelne Produkt untersucht, das in grösserem Umfang eingesetzt wurde, und im Hinblick auf seine biologische Abbaubarkeit beurteilt. Während die Betriebe die genauen Informationen zu den eingesetzten Produkten, deren Zusammensetzungen und Lieferanten, den Einsatz sowie die Verbrauchsmengen zu liefern hatten, oblag die Beurteilung der Abbaubarkeit der Arbeitsgruppe. Basierend auf den Untersuchungsergebnissen der EMPA zur Abbaubarkeit der Schlichtemittel, wurden alle Produkte sodann einer der folgenden drei *Kategorien* zugeordnet:

Kategorie 1: Schwer abbaubare Produkte, bei weniger als 60%iger Abbaubarkeit innerhalb von 14 Tagen.

Kategorie 2: Mittelmässig abbaubare Produkte, bei einer Abbaubarkeit zwischen 60 und 80% sowie wenigen Nebenreaktionen.
Kategorie 3: Leicht abbaubare Produkte, bei einer Abbaubarkeit von mehr als 80% und keinen Nebenreaktionen.

Basierend auf diesen Kategorien war es dann möglich für die Produkte entsprechende *Verwendungsvorschriften* festzulegen, die einzuhalten sind, damit die gesetzlichen Vorgaben für die Glatt erreicht werden können. Die Verwendungsvorschrift für Produkte der Kategorie 1 lautet: "Nicht mehr einzusetzen". Die für Produkte der Kategorie 2: "Nur bedingt einsetzbar. Möglichst wenig verwenden". Und die für Produkte der Kategorie 3 lautet: "Ohne Bedenken einsetzbar." Das *Ergebnis* der Überprüfung von mittlerweile 450 Produkten lag Mitte 1990 vor. Es lautet: 10-15% der Produkte fallen in die Kategorie 1 und dürfen nicht mehr eingesetzt werden, 20% der Produkte fallen in die Kategorie 2 und dürfen nur noch beschränkt eingesetzt werden und 60% der Produkte haben das Prädikat "unbedenklich" erhalten.

Parallel zu dieser umfassenden Überprüfung aller verwendeten Produkte wurde auf einer ganz anderen Ebene ab 1987 eine Suche nach biologisch besser abbaubaren Schlichtemitteln begonnen. Zunächst wurden alle am Markt vorhandenen Schlichtemittel einer eingehenden ökologischen Überprüfung unterzogen. Diese umfangreichen Abklärungen, die nun auf gesamtschweizerischer Ebene zusammen mit den Fachleuten des Industrieverbands Textil durchgeführt wurden, ergaben, dass keine wirklich befriedigenden Lösungen existierten. So wurde in der Folge eine intensive *Diskussion und Kooperation* zwischen Vertretern der Textilverarbeitungsindustrie und ihren *Lieferanten aus der chemischen Industrie* eingeleitet. Ziel war es, so rasch wie nur möglich die Entwicklung biologisch abbaubarer Schlichtemittel voranzutreiben, um das Problem der

Gewässerbelastung durch das Entschlichten wirklich an der Wurzel lösen zu können, nämlich bei der Entwicklung und Herstellung der Schlichtemittel ganz am Anfang der produktökologischen Kette. Diese aber lagen in den Händen der chemischen Industrie. Unter entscheidender Vermittlung der Glatt-Kommission konnte hier eine europaweite Kooperation zwischen der schweizerischen Textilindustrie und den grossen Chemiefirmen in die Wege geleitet werden, die als Anstoss und Begleitung eines ökologischen Innovationsschubs anzusehen ist. Diese intensive industrielle Kooperation zwischen Anwendern und Herstellern erfuhr von allen Beteiligten eine grosse und begeisterte Unterstützung. Sie wird mindestens noch bis 1992 dauern.

Die gemeinsamen Anstrengungen zur Entwicklung neuer Schlichtemittel, die zu mindestens 80% biologisch abbaubar sind, zeitigten bald schon *verblüffende Resultate*. Unter dem Motto "Textilindustrie und Chemie im Spannungsfeld von Ökologie und Ökonomie" stellte die schweizerische Textilindustrie an einer grossen Tagung im November 1988 in Zürich die bis dahin erzielten Resultate der Öffentlichkeit vor. Die Neue Zürcher Zeitung fragte in dem Titel zu ihrem umfangreichen Bericht über diese Tagung: "Textilindustrie und Gewässerschutz: Vom Saulus zum Paulus?". (NZZ 1988) Mittlerweile stehen bereits fünf neue Schlichte-Formulierungen zur Verfügung, die sowohl die benötigte technische Leistungsfähigkeit aufweisen als auch das ökologische Ziel 80%iger Abbaubarkeit erreichen. Sie sind von der EMPA St. Gallen nach der gleichen OECD-Methodik diesbezüglich getestet worden.

Die Initiative der Glatt-Kommission löste daraufhin in allen schweizerischen Webereien eine rasche und umfassende technologische Umstellung aus. Seit 1989 laufen in allen 20 Webereien umfangreiche Produktionstests. Sieben von ihnen haben bereits ihre Produktion vollständig auf die umweltverträglichen neuen Schlichte-Formulierungen umgestellt. Die übrigen Betriebe werden ihre Tests bis Ende 1990 abgeschlossen haben. Damit ist bereits heute absehbar, dass das Ziel einer 80%igen Abbaubarkeit des Totals aller eingesetzten Schlichtemittel bis 1991 erreicht sein wird. Damit wird aber auch das Schlichteproblem schon bald der Vergangenheit angehören.

Ohne die Brücke der intensiven und vertrauensvollen Kooperation zwischen Industrie und Behörden einerseits, zwischen Anwendern und Herstellern der Schlichtemittel andererseits, hätte dieses letztlich sehr erfreuliche Ergebnis sicher nicht erzielt werden können. Sie kann als ein Modell gelten dafür, wie im ökologischen Bereich die anstehenden Probleme effektiv gelöst werden können, ohne die Wettbewerbsfähigkeit der einzelnen Unternehmungen zu gefährden.

Autoren

Stephan Baer

lic. oec. publ., geb. 1952, ist Delegierter des Verwaltungsrats der Baer Weichkäserei AG, Küssnacht am Rigi. Er ist Vizepräsident der Schweizerischen Vereinigung für ökologisch bewusste Unternehmungsführung (ÖBU).

Anschrift: Baer Weichkäserei AG, CH-6403 Küssnacht am Rigi

Hans R. Bircher

geb. 1937, leitet seit dem Frühjahr 1990 das italienische Waschmittelgeschäft des Unilever Konzerns. Vorher war er Delegierter des Verwaltungsrats der schweizerischen Lever AG. Er ist Mitglied des Exekutivrats des Europäischen Detergentienverbands AIS und Vorstandsmitglied der Schweizerischen Vereinigung für ökologisch bewusste Unternehmungsführung (ÖBU).

Anschrift: Lever AG, Postfach, CH-8031 Zürich

Wolfgang Brokatzky

Ingenieur HTL, geb. 1946, ist Direktor beim Migros-Genossenschaftsbund, Zürich, und ist verantwortlich für die Ressorts "Planung", "Bewirtschaftung" sowie "Energie und Umwelt".

Anschrift: Migros-Genossenschaftsbund, Direktionsbereich Technik, Postfach 266, CH-8031 Zürich.

Thomas Dyllick

Privatdozent Dr. oec., geb. 1953, ist Vollamtlicher Dozent für Allgemeine Managementlehre am Institut für Betriebswirtschaft der Hochschule St. Gallen und Leiter der dortigen Koordinationsstelle für Ökologie. Er ist Vorstandsmitglied der Schweizerischen Vereinigung für ökologisch bewusste Unternehmungsführung (ÖBU).

Anschrift: Hochschule St. Gallen, Institut für Betriebswirtschaft, Postfach, CH-9010 St. Gallen.

Klaus von Grebmer

Dr. Sc. Pol., geb. 1944, leitet die Abteilung Agro Kommunikation bei der Ciba-Geigy AG, Basel.

Anschrift: Ciba-Geigy AG, Agropolitische Kommunikation, R-1039.4.02, Postfach, CH-4002 Basel.

Paul. J. Greineder

Dipl. Braumeister, geb. 1942, ist Vorsitzender des Vorstands der Löwenbräu AG, München. Er ist Mitglied des Kuratoriums des Vereins der Freunde des bayerischen Nationalparks.

Anschrift: Löwenbräu AG, Nymphenburgerstr. 4, D-8 München 2.

Willy Keller

Dipl. Textilingenieur FH, geb. 1918, ist ehemaliger Betriebsleiter der Habis Textil AG, Flawil. Mitglied der Geschäftsleitung der Arbeitsgruppe Boden-Wasser-Luft der schweizerischen Textilindustrie (BWL Textil) und Ehrenpräsident der Schweizerischen Vereinigung von Färbereifachleuten. Er arbeitet seit 1960 auf dem Gebiet der Abwasserreinigungstechnik für Industrieabwässer und ist als Vertreter der Textilindustrie Mitglied der Glatt-Sanierungskommission.

Anschrift: Seeblickstr. 2, CH-9010 St. Gallen.

Kurt Trottmann

Ing. HTL, geb. 1928, ist technischer Direktor bei der Cellulose Attisholz AG, Luterbach, Kanton Solothurn. Er ist seit 1952 in der Papier- und Zellstoffindustrie tätig.

Anschrift: Cellulose Attisholz AG, CH-4708 Luterbach.

Abbildungsverzeichnis

Abbildung 1: Die Lösung der Umweltprobleme bedarf weiterhin grosser Anstrengungen von jedem einzelnen   9

Abbildung 2: Zur effektiven Lösung der Umweltprobleme werden weitere gesetzliche Regelungen als unumgänglich angesehen   11

Abbildung 3: Umweltbewusstes Verhalten der Bevölkerung   12

Abbildung 4: Diskrepanz zwischen Wissen und Handeln   13

Abbildung 5: Betroffenheit verschiedener Branchen durch Umweltschutz   21

Abbildung 6: Umweltschutz als Unternehmungsziel   35

Abbildung 7: Die grundlegenden Phasen des ökologischen Produktlebenszykluses   37

Abbildung 8: Struktur eines ökologischen Unternehmungskonzepts und konkrete Ansatzpunkte für ökologische Massnahmen   40

Abbildung 9: Stufenweises Vorgehen zur Reduktion von Umweltbelastungen   75

Abbildung 10: Relativer Vergleich von zwei unterschiedlichen Verpackungssystemen für Joghurt anhand ihrer Öko-Bilanz   77

Abbildung 11: Energieverbrauchs- und Wasserverbrauchsentwicklung in den migroseigenen Produktionsbetrieben   83

Abbildung 12: Vergleich des Energieverbrauchswachstums der Migros-Gemeinschaft mit dem der Schweiz   84

Abbildung 13:	Die praktische, stufenweise Durchsetzung der Umweltschutzpolitik in der Migros-Gemeinschaft	90
Abbildung 14:	Organisatorische Einordnung der AGU	90
Abbildung 15:	Die Ausnützung des Rohstoffs Holz bei der Celluloseherstellung	96
Abbildung 16:	Die Entwicklung der Cellulose-Produktion und die Phasen der ökologischen Herausforderung	100
Abbildung 17:	Schema einer biologischen Abwasserreinigungsanlage nach dem "System Attisholz"	102
Abbildung 18:	Der Einfluss der neu installierten Kläranlagen auf die Qualität des Aarewassers	105
Abbildung 19:	Anteile unterschiedlicher Bleichegrade an der Cellulose-Gesamtproduktion	108
Abbildung 20:	Die Entwicklung der Ablaugeverwertung im Zuge der Produktionsentwicklung	109
Abbildung 21:	Überblick über die wichtigsten Massnahmen in Phase 4	111
Abbildung 22:	Die Entwicklung des Brennstoffbedarfs für die Dampferzeugung	112
Abbildung 23:	Entwicklung des Brennstoff- und Strombezugs in GWh pro Jahr und in Relation zur Cellulose-Produktion	114
Abbildung 24:	Die Preisentwicklung von Schweröl und Strom	115
Abbildung 25:	Rauchgasentschwefelung nach dem "System Attisholz/Sulzer"	116
Abbildung 26:	Übersicht über die Massnahmen zur Ursachenbehebung in Phase 5	120

Abbildung 27:	Umweltbewusstsein der Haushalte in der deutschen Schweiz. Angaben in Prozent aller Haushalte für die Jahre 1986-1988	131
Abbildung 28:	Die Produkt-Zusammensetzung von Sunlight	137
Abbildung 29:	Abbaubarkeit von Sunlight-Waschpulver und Waschkraftverstärker im Vergleich mit Sunlight-Seife gemäss EMPA	137
Abbildung 30:	Ökobilanz der Nachfüllpackung im Vergleich zur Erstpackung (PE-Flasch)	145
Abbildung 31:	Der Wandel grundlegender gesellschaftlicher Werte	152
Abbildung 32:	Image-Charakteristika der deutschen chemischen Industrie im Jahre 1986	155
Abbildung 33:	Veränderte Wahrnehmung der Gefahren des technologischen Fortschritts	159
Abbildung 34:	Die drei Elemente der unternehmerischen Verantwortungskonzeption der Ciba-Geigy	161
Abbildung 35:	Typische, relfexartige Antworten der Unternehmungen auf gesellschaftliche Herausforderungen	167
Abbildung 36:	Frachtlastanteile unterschiedlicher Verarbeitungsschritte in der Textilveredlung im Glatt-System	191
Abbildung 37:	Das biologische Abbauverhalten unterschiedlicher Schlichtearten gemäss den Ergebnissen der EMPA 1986	194

Literaturverzeichnis

Bernet, B. (1988): Management, Macht und Moral. Wirtschaftsverlag Langen-Müller/Herbig: München 1988

Brunner, P.H./Baccini, P. (1989): 90 Tonnen Güterverbrauch pro Person und Jahr. Überblick über die Recyclingszene in der Schweiz. In: Neue Zürcher Zeitung, Beilage "Technologie und Gesellschaft", 26. April 1989. S. 65

BUS (1984): Ökobilanzen für Packstoffe. Schriftenreihe Umweltschutz Nr. 24. Bundesamt für Umweltschutz: Bern 1984

Dyllick, T. (1990): Ökologisch bewusstes Management. In: Die Orientierung Nr. 96. Schweizerische Volksbank: Bern 1990

Dyllick, T. (1989): Management der Umweltbeziehungen. Öffentliche Auseinandersetzungen als Herausforderung. Gabler Verlag: Wiesbaden 1989

Dyllick, T. (1988): Erfolgreiche Positionierung mit ökologischer Verpackung. Toni Joghurt im Zirkulationsglas. In: Thexis Nr. 3, 1988. S. 51-55

Elkington, J./Hailes, J. u.a. (1990): Umweltfreundlich einkaufen. Knaur Verlag: München 1990

GfM (1987): Unternehmensverhalten und Umweltschutz. Forschungsinstitut der Schweizerischen Gesellschaft für Marketing: Hergiswil 1987

Hauser, B. (1989): Was beschäftigt den Schweizer? In: SKA bulletin Nr. 10, 1989. S. 6

IHA-Umweltstudie (1990): Umweltstudie 1989. Institut für Marktanalysen AG: Hergiswil/Lausanne 1990

IHA-Umweltstudie (1989): Umweltstudie 1988. Institut für Marktanalysen AG. Hergiswil/Lausanne 1989

Index (1989): Fachmagazin Betriebswirtschaft Nr. 5-6. Basel 1989

Infosuisse (1989): Umweltbewusstsein und Umweltverhalten in der Schweiz. Schweizerische Gesellschaft für Politische und Wirtschaftliche Forschung: Zürich 1989

Krenger, H. (1988): Umweltschäden und Versicherung. In: Schweizerische Versicherungs-Zeitschrift. November 1988

Leipert, C. (1989): Die heimlichen Kosten des Fortschritts. Wie Umweltzerstörung das Wirtschaftswachstum fördert. S. Fischer Verlag: Frankfurt 1989

Nitze, A. (1990): Präsentation erster Ergebnisse einer noch laufenden Dissertation zum Thema "Die organisatorische Verankerung einer umweltbewussten Unternehmungsführung" im Rahmen der Arbeitsgruppe "Ökologische Führungssysteme" an der 3. oikos-Konferenz an der Hochschule St. Gallen vom 21.-23. Juni 1990

NZZ (1988): Textilindustrie und Gewässerschutz: Vom Saulus zum Paulus? In: Neue Zürcher Zeitung. Beilage Forschung und Technik. 14. Dezember 1988

Ott, R. (1988): Projekt Glatt-Sanierung. In: Textilveredlung Nr. 10. Oktober 1988. S. 332-337

Porter, M. (1986): Wettbewerbsvorteile. Campus Verlag: Frankfurt 1986.

Röglin, H.C./v. Grebmer, K. (1988): Pharma-Industrie und Öffentlichkeit. Ansätze zu einem neuen Kommunikationskonzept. Buchverlag der Basler Zeitung: Basel 1988

Schefer, W./Romanin, K. (1988): Gewässerbelastung durch wasserlösliche Polymere. Lehren aus Untersuchungen der Glatt SG/AR. In: Textilveredlung Nr. 10. Oktober 1988. S.340-344

Schiesser, W. (1989): Qualitatives Wachstum - vorläufig ein frommer Wunsch. In: Neue Zürcher Zeitung. 19./20. August 1989

Schwager, S./Knöpfel, P./Weidner, H. (1988): Umweltrecht Schweiz - EG. Das schweizerische Umweltrecht im Lichte der Umweltschutzbestimmungen der Europäischen Gemeinschaften - ein Rechtsvergleich. Helbing & Lichtenhahn Verlag: Basel/Frankfurt 1988

Schweizerischer Bankverein (1990): Marktstudie "Europäische Umweltschutz-Aktien. Basel. Februar 1990

UBS Phillips & Drew (1989): Investing in a green Europe. London. October 1989

Ulrich, H./Probst, G./Studer, H.P. (1985): Werthaltungen von Studenten in der Schweiz. Verlag Paul Haupt: Bern/Stuttgart 1985

Umweltbundesamt (Hg.) (1987): Umweltfreundliche Beschaffung. Handbuch zur Berücksichtigung des Umweltschutzes in der öffentlichen Verwaltung und im Einkauf. Bauverlag: Wiesbaden/Berlin 1987

Vorsorge im Betrieb (1989): Gefährdung der Umwelt durch den Betrieb: Problematik und Ansätze in der Risikobewältigung. In: Vorsorge im Betrieb Nr. 3. Winterthur Versicherungen: Winterthur 1989

von Weizsäcker, E. U. (1989): Erdpolitik. Ökologische Realpolitik an der Schwelle zum Jahrhundert der Umwelt. Wissenschaftliche Buchgesellschaft: Darmstadt 1989

Wicke, L. (1986): Die ökologischen Milliarden. Das kostet die zerstörte Umwelt - so können wir sie retten. Kösel Verlag: München 1986

Wirz Partner (1989): Die Schweizer Führungskräfte und unsere Umwelt. Wirz Partner Holding AG: Zürich 1989

Norbert Egli

Schweizerische Abfallwirtschaft wohin?

Notwendige und machbare Kurskorrekturen im Bereich der Siedlungsabfälle. Ein Wegweiser für Entscheidungsträger in Politik, Wirtschaft und Verwaltung.

2. Auflage, 88 Seiten, 6 Abbildungen, kartoniert etwa Fr. 15.–/DM 18.–
ISBN 3-258-04305-1

Die Fragen rund um unsere Abfälle werden in letzter Zeit vermehrt öffentlich diskutiert. Die althergebrachten Formen der Abfallbeseitigung vermögen den heutigen Anforderungen nicht mehr zu genügen; die Fachleute sind gezwungen, nach neuen Wegen zu suchen. Nun ist die Abfallbehandlung aber kein rein technisches Problem für Anlagenbetreiber, sondern betrifft alle, vom einzelnen Bürger über die Wirtschaft bis hin zur Bundesebene. Eine besonders wichtige Rolle kommt dabei den Gemeinden zu.
In dieser Situation haben sich die Schweizerische Interessengemeinschaft für Abfallverminderung (SIGA), die Schweizerische Interessengemeinschaft der Abfallbeseitigungsorganisationen (SIAO) und die Schweizerische Vereinigung für Gewässerschutz und Lufthygiene (VGL) zur gemeinsamen Herausgabe dieser Arbeit entschlossen. Sie zeigt die heutige Situation der schweizerischen Abfallwirtschaft auf, weist auf notwendige Korrekturen hin und vermittelt Lösungsvorschläge, Tips und Kontaktadressen. Angesprochen sind die vielen Verantwortung tragenden Nichtspezialisten in den Gemeinden und interessierte Bürger.

Haupt

Norbert Egli

La gestion des déchets: Où va la Suisse?
Changements nécessaires et réalisables dans la gestion des déchets urbains. Un guide pour les responsables politiques, économiques et administratifs.

88 pages, 6 illustrations, broché environ Fr. 15.–/DM 18.–
ISBN 3-258-04011-7

Depuis peu, les problèmes soulevés par les déchets sont de plus en plus discutés. Les formes traditionelles d'élimination des déchets ne satisfont pas aux exigences actuelles: les spécialistes sont obligés de chercher d'autres voies. Le traitement des déchets n'est pas un problème purement technique concernant uniquement les exploitants des installations de traitement, mais il concerne tout un chacun, du simple citoyen jusqu'au niveau fédéral en passant par les milieux de l'économie. Les communes ont un rôle très important à jouer dans cette action.
Dans ce contexte, la SIGA/CID (Communauté d'intérêts suisse pour la diminution des déchets), le SIAO (Communauté d'intérêts suisse des organisations d'élimination des déchets) et la VGL (Association suisse de protection des eaux et de l'air), ont décidé d'éditer conjointement cet ouvrage. Il décrit la situation actuelle de la gestion des déchets en Suisse, indique les changements nécessaires, propose des solutions et offre de la documentation et des adresses de contact. Cet ouvrage s'adresse particulièrement à tous les responsables non spécialistes au niveau communal et à toutes les personnes intéressées à la problématique des déchets.

Haupt